Werner Ablass

Nichts ist, wie es scheint

Werner Ablass

NICHTS IST WIE ES SCHEINT

Entzaubert siehst du nur (Selbst-)Liebe

Omega

FSC
www.fsc.org
MIX
Papier aus verantwortungsvollen Quellen
FSC® C014138

Omega-Verlag ist ein Imprint der Verlag "Die Silberschnur" GmbH

ISBN: 978-3-89845-591-6
1. überarbeitete Neuauflage 2017

Gestaltung & Satz: XPresentation, Güllesheim
Lektorat: Gisela Bongart
Umschlaggestaltung: XPresentation, Güllesheim; unter Verwendung eines Motivs von
© Elena Efimova, www.shutterstock.com
Druck: Finidr, s.r.o. Cesky Tesin

Verlag »Die Silberschnur« GmbH · Steinstr. 1 · 56593 Güllesheim
www.silberschnur.de · E-Mail: info@silberschnur.de

Für Iris

Inhaltsverzeichnis

Alles strömt aus der Stille
und unbedingten Liebe.

Tony Parsons, *So wie es ist*

Vorwort

Ganz egal, was du gerade denkst, fühlst oder tust – in jedem Fall bist du Liebe. Denn Liebe ist die Essenz allen Seins. Das muss nicht bewiesen werden, es liegt auf der Hand. Oder gibt es in dieser Welt eine Sehnsucht, die stärker wäre als die Sehnsucht nach Liebe? Jeder Mensch möchte lieben und geliebt werden. Das betrifft sein Arbeitsleben ebenso wie seine Freizeit.

Liebe übt deshalb die stärkste Anziehungskraft aus, weil sie das Zentrum und die stärkste Kraft im Universum ist. Und ihre größte Fähigkeit besteht darin, sich zu verwandeln. Das ist ihr Spiel mit sich selbst. Sie kann zwar (im Kern) niemals etwas anderes als Liebe SEIN, aber in ihrer Verwandlungskunst kann sie alles WERDEN, was du zu sehen, zu hören, zu schmecken, zu riechen, zu betasten, zu denken, zu fühlen, zu wollen – wahrzunehmen – vermagst. In Wahrheit ist sie alles und in allem, allerdings ohne dabei jemals etwas anderes als Liebe zu sein. Das ist paradox, aber deshalb nicht weniger wahr.

Gefühlvolle Liebe ist ebenso Liebe wie gefühlsleere Liebe. Im ersten Zustand ist sie ganz bei sich selbst, im zweiten ist sie lediglich von sich selbst abgewandt.

Du und ich, wir sind maskierte Liebe oder Masken der Liebe, ganz egal wie wir heißen, welchen Beruf wir ausüben, ob wir gerade zornig sind und wie ein Löwe brüllen oder geduldig schweigen wie ein Lamm.

Das Spiel der Liebe besteht darin, sich selbst zu maskieren, und zwar so verdammt gut und glaubwürdig, dass sie weder von anderen erkannt wird noch sich selbst zu erkennen vermag. Daher glauben wir, ein Mensch zu sein, der geboren wurde, der lernen muss, sich entwickeln muss, seine Existenz sichern muss, eine Familie gründen muss, geliebt werden und auch selbst lieben muss, um nach einem möglichst reichen, erfüllten Leben eines schönen Tages zu sterben und den Hinterbliebenen ein gutes Andenken und natürlich auch möglichst viel Geld zu hinterlassen.

Liebe, die sich ihrer selbst unbewusst wird, der also nicht mehr bewusst ist, dass sie Liebe ist, bleibt dennoch Liebe. Sie braucht niemals Sorge dafür zu tragen, nicht unterzugehen, weil nur sie existiert. Vollkommen egal, wie weit sie sich von sich selbst entfernt, ob sie am Ende eines armseligen menschlichen Lebens auf Erden verzweifelt darüber nachdenkt, wozu sie überhaupt lebte: Sie ist und bleibt immer und in jedem Fall Liebe.

Diese Sicht ist nicht logisch oder gar wissenschaftlich beweisbar. Sie basiert auch nicht auf einer metaphysischen

Fähigkeit. Sie ist vielmehr das Ergebnis eines Prozesses der Desillusionierung, in dem alle verhüllenden Schleier um die Liebe wegfallen. Dann allerdings ist es unmöglich, etwas anderes als Liebe zu sehen.

Wenn du dieses Buch in Händen hältst und etwas in dir danach drängt, es zu lesen, ist das, was dich dazu drängt, nichts anderes als dein Wesenskern - Liebe. Liebe, die ihrem Spiel mit sich selbst eine andere Richtung geben möchte. Nicht mehr wie früher weg, sondern jetzt hin zu sich selbst.

1

Wie ein Küken im Ei

Das Absolute der Liebe erkennt man an der dauernden Unruhe dessen, der liebt.

Paul Ambroise Valéry (1871–1945)

Herrlich formuliert! Denn genauso ist die Liebe! Absolut heißt: durch nichts beeinträchtigt, gestört, eingeschränkt, also uneingeschränkt, vollkommen.

Die Liebe kann nicht anders, als ständig neu ins Dasein zu explodieren. Mit jeder Geburt gebärt sich die Liebe, gebärt sich die Essenz allen Seins.

"Sie kann nicht anders" bedeutet nicht zwanghaft im Sinne von unfrei. "Sie kann nicht anders" bedeutet zwanghaft im Sinne von **totaler Hingabe**.

Liebe IST Hingabe. Liebe MUSS sich hingeben, nicht weil sie dies im Sinne von Pflichterfüllung MUSS, sondern weil sie so sehr liebt, dass sie nicht anders KANN!

Sie ist absolut, doch diese Absolutheit erkennt man gerade daran, dass sie sich laufend, andauernd, in einem fort ins Sein explodiert!

Ständig ist der Mensch auf der Suche nach Liebe. Für einen winzigen Moment dieser Liebe ist er oftmals bereit, seine Position in der Gesellschaft, seinen Status, materielle Güter und manchmal sogar sein Leben zu opfern. Weshalb ist das so? Weil der Mensch nichts anderes ist als Liebe, die sich dem Menschsein vollkommen hingibt. Oder anders gesagt: Sie verweigert sich der Menschwerdung nicht.

Liebe kann nicht anders, sie muss sich manifestieren. Und sie ist manifest in allem, was ist. Du siehst vielleicht einen Stein. Ich sehe Liebe, die sich der Form des Hartseins, vielleicht sogar der totalen Härte hingibt. Schau dir einen Diamanten an. Er ist Liebe, die selbst in ihrem äußersten Hartsein herrlicher funkelt als ein Stern am Himmel.

Ich sehe die Welt der Farben und Formen, natürlich, denn ich habe dieselben Augen wie du. Und doch sehe ich in allem Liebe, die sich bis zum Äußersten hingibt und sich dabei keiner möglichen Form verweigert. “Das ist doch nicht schön, das ist hässlich”, denkst du (und denke natürlich auch ich), wenn du etwas Hässliches siehst, aber schau bitte mal mit den Augen der Liebe hin.

Eine Raupe ist nicht sonderlich schön, aber überhaupt keine Frage: Ein Schmetterling wächst in ihr heran. Liebe gibt sich der Hässlichkeit hin, um faszinierende Schönheit zu produzieren.

Doch was hat das mit der Aussage von Paul Ambroise Valéry zu tun? Er sagt: Das Absolute der Liebe erkennt man an der dauernden Unruhe dessen, der liebt. Du denkst vielleicht, Liebe sei statisch. Das stimmt und stimmt nicht. Sie ist absolut, das ist ihre Statik, doch gleichzeitig kann sie nicht anders, als ständig zu werden, was sie schon ist. Sie ist voller Frieden, und doch ebenso unruhig, weil Liebe manifest werden muss.

Du siehst den Pflug, der die Erde zerreißt und aufwühlt, ich sehe Liebe, die den Acker bestellt, die das Feld liebevoll rodet, um zu pflanzen und schließlich zu ernten. Und was wird wohl am Ende geerntet? Natürlich das, was gesät wurde: Liebe!

Liebe sät sich selbst aus, wächst auf, wird reif und geerntet. Für welchen Zweck? Das ist schlicht der Kreislauf allen Daseins, in dem sich Liebe in allen Stadien zum Ausdruck bringt.

Du siehst auf einen Verlust, den du natürlich für riesengroß und grauenvoll hältst, das ist es aber nicht, was in Wahrheit geschieht! Liebe zieht Liebe heran, das ist es, was wirklich geschieht.

Du sagst vielleicht: “Ach, das hilft mir doch auch nicht!” Lass mich dir sagen: Der Liebe ist das egal, denn ihr Werk ist so großartig und herrlich, dass dein Jammern sie nicht zu rühren vermag. Und wer ist es denn in Wahrheit, der jammert? Du etwa? Nein, denn du existierst nicht. Die

Liebe selbst jammert, und zwar einfach deshalb, weil sie noch blind ist. Sie kann sich nicht selbst (am Werk) sehen, sie ist wie ein Küken im Ei. Da ist noch eine Schale drumherum, und deshalb wirken manche Menschen so unrund und unreif zugleich. Sie sind zweifellos Liebe, aber eben noch ungeschlüpft, verstehst du? Das Geheimnis des Lebens ist Liebe. Absolute Liebe, unverwüstlich, unzerstörbar, aber gleichzeitig auch total unruhig, ständig dabei zu werden, was sie schon ist.

2

Die Meisterzauberin Liebe

Liebe hat nie zu zaubern begonnen, denn Liebe ist ewig, hat daher weder Anfang noch Ende. Zeitlosigkeit ist ihr Wesen. Deshalb fühlst du dich immer dann zeitlos, wenn du verliebt bist. Liebe verzaubert, das wissen wir alle aus eigener Erfahrung.

Liebe lässt sich auf jeden ihr möglichen Zauber ein, selbst wenn sich dabei das Gegenteil von Liebe manifestiert. Eifersucht beispielsweise. Oder abgrundtiefer Hass.

Liebe wird auch nie aufhören, sich zu verzaubern, und zwar einfach deshalb, weil sie nie aufhören wird, Liebe zu sein.

In der Verzauberung ihrer selbst wird sie scheinbar etwas anderes als das, was sie in Wahrheit ist. Und das ist ja auch das Wesen jeder Zauberei. Da passieren Dinge, die in Wahrheit gar nicht passieren, und doch scheint es so, als würden sie tatsächlich passieren. Eine junge, schöne Frau wird zersägt, und es erscheint ganz real, doch in Wahrheit ist es schlicht eine Täuschung, welcher der Zuschauer erliegt.

David Copperfield ist ein Meister der Illusionen, und daher ist seine Illusionsshow so ungemein faszinierend.

Gegen die Zauberei der Liebe jedoch ist Copperfield nicht nur ein Waisenknabe, sondern ein Stümper. Ein blutiger Anfänger. Schon deshalb, weil Liebe nicht nur verzaubert, sondern Zauberer und Verzaubertes ist.

Der Zauber der Liebe ist machtvoll, so ungeheuer machtvoll, dass sie schließlich völlig verzaubert selbst daran glaubt, ein kleines sterbliches Menschlein zu sein, das geboren wurde und irgendwann stirbt. Sie glaubt, ein Tagedieb oder ein Schurke, ein Gutmensch oder ein Heiliger zu sein. Sie zaubert einen Kosmos hervor, unzählige Sonnensysteme und nicht nur das: Der Zauber beherrscht sie dermaßen, dass sie sogar zu glauben vermag, der Kosmos und all die Sonnensysteme seien tatsächlich vorhanden und nicht nur das, was sie sind: die Bühne, auf der sie ihre bombastische Illusionsshow abzieht.

3

Alles ist von gleicher Qualität

Es gibt weder Leben noch Tod, es ist der Zauber der Liebe, der uns das eine ebenso wie das andere suggeriert, denn Liebe ist alles, was existiert.

Weil diese Welt Illusion ist - nichts anderes als ein Liebeszauber also, über die Leere geblasener bunt schimmernder Seifenschaum, der ebenso schnell zerplatzt, wie er erzeugt wird -, ist alles von gleicher Qualität, ganz egal, ob jemand ein Heiliger ist oder ein Sünder, ein Weiser oder ein Serienkiller, ein Wohltäter oder ein Dieb, ein braver Ehemann oder ein skrupelloser Ehebrecher, Oberhaupt einer Kirche oder Chef der Mafia, ein Beter, der täglich dreimal auf seine Knie geht, oder ein Lüstling, der es liebt, käufliche Frauen vor sich auf die Knie gehen zu lassen.

Ob jemand an einem Satsang teilnimmt oder sich in einem Swingerclub vergnügt, in Äthiopien verhungernde Kinder rettet oder sie schändet, Tiere vor der Pharmaindustrie schützt oder sie sich mit Hochgenuss einverleibt, die Steuern auf Heller und Pfennig bezahlt oder sie hinterzieht, gegen

Kriege protestiert oder sie initiiert, Leben rettet oder vernichtet, sich für das Wohl der Menschheit engagiert oder ihr Schaden zufügt, einen Ertrinkenden unter Einsatz des eigenen Lebens rettet oder gleichgültig zusieht, wie er mit dem Tode ringend ersäuft, ob jemand Sex hat, wann immer ihm danach ist, oder sich in einer Klosterzelle kasteit, ob jemand für seine Kinder treuliebend sorgt oder sie täglich schlägt und misshandelt, ist alles von gleicher Qualität, denn dies alles sind Masken, mit denen sich Liebe maskiert, sind Rollen, die sie sich vorspielt, und zwar deshalb, weil Liebe sich keiner möglichen Gestaltung zu entziehen vermag.

Vollkommene Hingabe ist das Wesen der Liebe und deshalb ist ihr kein Preis zu hoch. Sie wird alles und jedes, weil Liebe nicht anders kann, als alles und jedes zu werden, sie vermag sich einfach keiner Gestaltung zu entziehen. Ihre Ohnmacht, keinem Sog widerstehen zu können, selbst wenn er sie vernichtet, ist aber nichts anderes als die **Macht bedingungsloser Liebe**.

Liebe ist jedoch unsterblich, und daher mündet jede Vernichtung, der sie sich voller Leidenschaft ausliefert, als wäre sie vollkommen hilflos, in der Auferstehung.

Weil alles ein Zauber ist, mit der sich die Liebe verzaubert, ist alles sie selbst. Ob Menschen in Freiheit und Frieden leben oder täglich mit der Angst leben müssen, ihr Leben auf grausame Weise zu verlieren, ob sie gesund oder krank sind, gewürdigt oder gefoltert werden, Arbeit haben oder arbeitslos sind, lebenslang in einer glücklichen Partnerschaft leben oder sich quälen, weil sie keinen liebenden Partner finden und stattdessen nur ausgenutzt werden, querschnittsgelähmt im Rollstuhl sitzen oder gesunde Beine besitzen, mannigfache Erfolge vorweisen können oder lebenslang auf der Schattenseite des Lebens stehen, bettelnd auf den Straßen Indiens dahinvegetieren oder in einem Palast bedient werden, täglich vor Schmerzen jaulen oder niemals krank werden, sich verzweifelt vor den ICE werfen oder im vollklimatisierten 1. Klasse-Abteil fahren, traumatisiert werden oder in besten Verhältnissen aufwachsen, von der Gesellschaft anerkannt oder verstoßen werden: All das ist in Wahrheit verzauberte Liebe und daher von gleicher Qualität, **weil es nur ein Zauber ist und mitnichten die Realität.**

Gutes und Böses ist in dieser Welt gleichermaßen vorhanden, und wenn du das Glück hast, das Böse lebenslang vermeiden zu können, bist du als Tustesgut ebenso illusionär wie ein Tunichtgut.

Was immer du siehst in dieser Welt der Gegensätze ist von gleicher Qualität, denn ein Zauber bleibt immer ein Zauber, und die Gestalt, die er annimmt, ist niemals unter "deiner" Kontrolle.

Liebe hat sich selbst verzaubert, denn da ist niemand außer ihr, der überhaupt zaubern könnte. Und da ist auch kein Material, um zu zaubern, außer sie selbst. Selbst in David Copperfield ist nur sie es, die zaubert. Du bist sie auch - nur eben verzaubert.

Alles, was dir begegnet im Leben, ist nichts anderes als der Zauber der Liebe. Was immer du wahrnimmst, Personen,

Tiere, Pflanzen, Mineralien, Landschaften, alle Situationen, atemberaubend faszinierende und potthässliche, herzerwärmende und brutale, abscheuliche: Du begegnest in allem **dir selbst, der Liebe ohne Objekt**, nur eben zumeist - verzaubert.

4

Märchenhaft ist die Welt

Die meisten Märchen sind ziemlich brutal. Da gibt es böse Hexen, die Prinzen in hässliche, quakende Frösche und unschuldige Kinder in Federvieh verwandeln, da gibt es böse Stiefmütter, die in ihrer Grausamkeit die Kinder aus der ersten Ehe des Mannes umbringen, da werden Kinderleiber zu Korn zermahlen, da gibt es List, Tücke, Mord und Totschlag. In fast allen Märchen jedoch - wenn nicht in allen - gibt es zum einen ein Happy End und zum anderen **köstliche Augenblicke der Liebe**.

Da geht beispielsweise die Schwester von insgesamt sieben Brüdern höchst beschwerliche, steinige und gefährliche Wege, um die von einer Hexe in Federvieh verwandelten Jungs aus dem Zauberbann zu erlösen. Für diese Augenblicke der Liebe nehmen wir als Leser gerne in Kauf, dass uns zuvor die Haare zu Berge stehen oder die Tränen über die Wangen kullern.

Wurde dir schon einmal bewusst, dass Grausamkeit und Brutalität für diese seligen Momente liebender Hingabe notwenig, ja sogar Voraussetzung sind? Wie solltest du bei der Rettung des Helden aufatmen, wie sollten dir Freudentränen über die Wangen laufen, wenn das arme Aschenputtel zur Königin wird, wenn du nicht vorher mit ihm in der Asche gesessen und mit ihm gelitten hättest?

Vielleicht denkst du, ich würde mich lediglich Metaphern bedienen, wenn ich die Welt den Zauber der Liebe oder wie hier ein Märchen nenne. Das wäre ein großer Irrtum ...

Mir offenbart sich die Welt tatsächlich als Märchen. Das Leben erzählt sich nur so, als **würde** sich das, was sich zu ereignen scheint, tatsächlich ereignen. Im Klartext: Was wir für reales Leben halten, spielt sich in Wahrheit nur hypothetisch ab: **Was wäre, wenn es tatsächlich so wäre, wie es zu sein scheint!** In Wahrheit passiert ... **NICHTS!** Und es ist noch nie was passiert.

Ähnlich wie bei einem Märchen, das die Mutter ihrem Kind erzählt. Mit emotionalem Engagement und dementsprechender Betonung beflügelt sie die Fantasie des Kindes, bis diesem die Geschichte so real erscheint, dass es befürchtet oder freudig erwartet, die böse Hexe oder der Märchenprinz könnte tatsächlich in der Tür erscheinen. Was ich sagen will, ist: Das Kind scheint für den Zeitraum, in dem die Mutter erzählt, tatsächlich in der Märchenwelt zu leben. In Wahrheit liegt es aber sicher im Bett und hört einfach nur zu.

Nicht anders sehe ich die Existenz unserer Welt. Die hypnotische Wirkung ist freilich um ein Vielfaches stärker als bei der Erzählung der Mutter, im Wesentlichen jedoch erzählt sich ein Märchen, und wir sind lediglich so stark mit der Bühne, der Aufführung, den Figuren und dem jeweiligen Kontext identifiziert, dass wir noch nicht einmal auf die Idee kommen würden, es könnte sich um ein Produkt der Fantasie handeln. Aber genauso ist es. Liebe hat sich sozusagen in tiefe Hypnose versetzt, um das Märchen erleben zu können.

Liebe inszeniert diesen Weltenbummel in allen Aspekten, und zwar, um sich selbst begegnen zu können. Nicht nur bei der sogenannten Erleuchtung am Ende eines langen und harten spirituellen Pfades, nein, auch im Alltäglichen und Profanen. Auch in denen, die ein ganz normales Standardleben führen, begegnet sich Liebe, auch wenn es ihr nicht bewusst wird. Liebe ist überall, wenn du die Augen aufmachst, wirst du es sehen!

Wenn Liebe nicht scheinbar zwei wird, ist es ihr völlig unmöglich, Liebe zu sein und sich selbst Liebe zu schenken. Sodass sie stets wird, was sie ist, und ist, was sie wird. Das ist das Geheimnis des Lebens und der sogenannten Schöpfung.

5

Aus eins wird zwei ...

... natürlich nur scheinbar. Aber was wäre Liebe, die lediglich ein(e)s ist? Wenn zwei eins werden, das muss unbedingt gefeiert werden! Daher wird es immer Hochzeiten geben. Aber eins sein oder gar bleiben – da fehlt einfach was. Und zwar die Zwei, die eins werden können.

Das ist das Spiel der Liebe. Sie ist niemals zwei, nein, sie kann nie etwas anderes als eins sein – sie tut aber so, und zwar um scheinbar eins werden zu können. Und das bedeutet, dass sie sich (zunächst) als getrenntes Individuum erscheint und erscheinen muss.

Sie wird zwei, um sich schließlich selbst bestaunen, bewundern, lieben, ja anbeten zu können.

Empfindest du etwa keine Liebe, wenn du in die Natur blickst? Herunter von einem Berg auf die Täler, die Wälder, die sattgrünen Wiesen, die gelben Korn- und Rapsfelder, die Seen, die Flüsse, die gegenüberliegenden Berge, die Sonne, die Wolkenformationen am Himmel?

Das Gleiche gilt für die Welt unter Wasser. Ich empfehle, dir den Dokumentarfilm *Deep blue* anzusehen. Bevor ich ihn sah, wusste ich noch nicht einmal, dass es unter Wasser Geschöpfe dieser Art gibt. Welch ein Reichtum, welch eine Kreativität, welch eine Vielfalt der Formen und Farben! All das ist Liebe, die natürlich auch unter Wasser nicht aufhören kann, ihre unbegrenzten Möglichkeiten wahrzunehmen, aus eins zwei zu machen.

Die gleiche Empfehlung spreche ich für den Dokumentarfilm *Mikrokosmos - die Welt der Gräser* aus. Wahrlich eine Welt in der Welt! Mit am meisten hat mich in diesem Film das Liebesleben zweier Schnecken beeindruckt. Da kannst du wirklich sehen, wie die zwei auf ganz zärtliche, behutsame Weise eins werden, ja am Ende eins sind. Aber ohne Zwei könnte sich die Eins nie erfahren. Egal wo du hinsiehst, überall begegnet Liebe sich selbst.

Und stell dir nur vor, all diese Schönheit und all dieser Reichtum, all diese Kreativität - **das bist du**! Das jeweils andere ist nur vorhanden, damit sich das, was nie voneinander getrennt sein kann, anschauen, an sich selbst erfreuen, sich selbst genießen, sich selbst lieben kann!

Sieh in den Spiegel! Wieder die Zwei. Du bist das, was die Person wahrnimmt, die im Spiegel erscheint. Du bist nicht die Person. Du bist die Eins, die als Zwei erscheint, weil du es liebst, aus eins zwei zu machen, um dich selbst lieben zu können.

Wie sehr lieben es Liebende, sich in Kindern zu reproduzieren. Warum nur? Vordergründig natürlich, weil Kinder ein wundervolles Geschenk der Natur sind. In Wahrheit jedoch, weil Liebe es liebt, aus eins zwei zu machen. Du erblickst dich in den Kindern. Nicht nur als Person, sondern als Liebe, der Essenz allen Seins.

Es ist immer dasselbe: Wie sollte sich Liebe manifestieren ohne die Zwei? Du **und** deine Arbeit! Du **und** deine Kunden! Du **und** deine Mitarbeiter! Du **und** dein Hobby. Du **und** dein Garten. Du **und** die Blumen. Du **und** die Hecken. Du **und** die Bäume. Du **und** die zwitschernden Vögel. Du **und** das Unkraut, das du "mit Liebe" entfernst.

Du **und** ... verstehst du? Obwohl es dieses UND gar nicht gibt. Die Addition hat nur einen Sinn: Dich wie in einem Spiegel selbst **erleben** zu lassen, wer und was **du** wirklich bist - Liebe in jeder möglichen Farbe und Form!

Einheit - welches Erleben könnte es da geben? Was würde geschehen? Gar nichts! Überhaupt nichts! Daher wird aus eins zwei. In der Vereinigung, der Verschmelzung erfährt Liebe sich selbst.

Ich kommunizierte über zwei Jahrzehnte mit Jesus. Das war sehr schön, sehr wohltuend, sehr erhebend. In Wahrheit war meine Bewunderung, meine Anbetung für ihn nichts anderes als: Aus eins wird zwei! Wohin sollte ich denn mit all meiner Liebe? Es bedurfte eines Objekts! Und ist Jesus nicht ein wundervolles Objekt, um zu lieben? Ich finde schon.

Gestern abend sah ich den Film *Das Rad der Welt*. Da geht's um den tibetanischen Buddhismus. Unglaublich, auf welch originelle Weise Menschen sich kasteien, sich schinden, um ihre Hingabe an Buddha zu beweisen. Das alles ist natürlich überhaupt nicht notwendig, weil jeder dieser Menschen nichts anderes als Buddha sein kann. Aber die Eins liebt es einfach, aus eins zwei zu machen, um dann auf die Suche nach sich selbst zu gehen. Wenn du klar siehst, was in Wahrheit geschieht, wirst du keinen Glauben, keine Religion, und sei sie noch so absurd, ablehnen können. Es ist Liebe, die sich selbst sucht, obwohl es niemals jemand anderen gibt, als die Eins.

Oder die romantische Liebe! Zwei Lebewesen, die Liebe füreinander empfinden! Stell dir nur vor: Der, den du liebst, der ist niemand anderes als du! Da waren nie zwei, die zwei sind nur da, damit du dich im anderen in deiner unaussprechlichen Liebe berührst und erkennst, eins mit dir wirst! Das ist es, was du in den liebenden Augen, im liebenden Blick "des geliebten Menschen" erkennst: nur dich selbst, dich als die Liebe!

Oder auch der unbändige Hass aufeinander. Zwischen einzelnen Menschen oder zwischen Völkern, die sich bekriegen, die sich hinmorden. In Wahrheit existieren nie zwei, sie glauben nur zwei zu sein, und ihr Krieg ist nichts anderes als ein grausames Märchen, um den Streit schließlich zu überwinden und Liebe in einem Ausmaß zu erfahren, wie er ohne den vorherigen Hass gänzlich unmöglich wäre.

Meinst du, wir hätten in Europa seit so vielen Jahrzehnten diesen ungeheuer stabilen Frieden ohne die Erfahrung des Zweiten Weltkriegs und all seiner unmenschlichen Schrecken?

Du magst beklagen: So viele Soldaten sind im Krieg gefallen, 6 Millionen Juden wurden ermordet, sie hatten keinen Anteil an dem "neuen friedlichen Europa". Sie hatten kein "Happy End". Aber das ist eine äußerst begrenzte Sichtweise. Ich sehe keine Menschen, ich sehe Liebe in menschlichen Körpern, die genau das erfuhren, wozu sie bestimmt waren. Liebe kennt keine Zeit. Körper werden geboren und sterben, das ist unser aller Schicksal. Ob durch Altersschwäche, einen Tumor, eine Granate oder einem Strick um den Hals. Liebe ist unsterblich. Und nun genießt sie in anderen Körpern seit über 60 Jahren Frieden und Freiheit. Ist das nicht wunderbar?

Liebe, die kein Hindernis kennt, um vereinigt zu werden, steht auf äußerst schwachen Beinen. Liebe, die verzichten muss, warten muss, kämpfen muss, um lieben zu können, diese Liebe ist stark.

6

Die Perspektive der Liebe

Kommt eine Dame zu mir ins Einzelcoaching und erzählt mir, ihr Mann habe sie verlassen, sie sei schon 56 und solle nun noch mal ganz von vorne beginnen.

"Was willst du denn von vorne beginnen?", frage ich sie.

"Ich will nicht, ich muss!", erwidert sie.

"Schon klar, aber meine Frage war: Was?"

"Mein ganzes Leben", sagt sie.

Nicht, dass ich nicht verstünde, was sie mir sagen will. Nicht, dass ich nicht verstünde, wie tragisch sie ihr Schicksal empfindet.

Aus der Perspektive der Liebe jedoch liegt der Fall folgendermaßen: Liebe hat sich vor etwa 20 Jahren in ihr **ihn** und in ihm **sie** zur Zwei erwählt, um sich in ihrer Liebe bestaunen, bewundern, erfreuen, ja anbeten zu können. Nun hat sich die Liebe in ihm ihr gegenüber verlassen. Aus welchen Gründen auch immer. Die Dame ist nach wie vor Liebe. Der Mann ist nach wie vor Liebe. Warum leidet die

Dame? Weil sie einen Menschen sieht, der sie nach über 20 Ehejahren verließ.

Diese Bewertung ist richtig und falsch. Richtig ist sie, was die Geschichte betrifft, in welcher Liebe in den beiden Personen involviert ist. Falsch ist sie, weil ihr Mann gar nichts tat, weil nur Liebe was tut. Liebe ist die einzig Handelnde, ja, sie ist sogar alles, was geschieht. Nehmen wir einmal an, Liebe könnte sich in dieser Dame als die einzige Macht auf Erden erkennen. Würde sie sich dann verlassen fühlen? Könnte sie sagen: Ich muss noch einmal ganz von vorne beginnen?

Du magst sagen: So eine Einstellung zu gewinnen ist aber verdammt schwer! Nein, ist es nicht. So eine Einstellung zu gewinnen ist sogar völlig unmöglich! Sie ereignet sich nur, wenn du etwas verlierst! Und zwar den Glauben, dass du und der andere existieren. Dass du und der andere etwas anderes sind und sein können als Masken, als Rollen, als Instrumente, als Körper, die von einer einzigen Macht bewohnt und benutzt werden: der Liebe. Und wie sie sich erleben will, ist niemals "deine" Sache!

Solange du Personen siehst und nicht das, was eine Person wirklich ist - im Lateinischen persona = Maske, von personare = hindurchtönen -, solange wirst du immer Probleme haben, wenn eine Person etwas tut, was dir zum Nachteil gereicht. Personen sind wie ein Schallverstärker, Liebe erzeugt jeden Ton, den der Körper gleich einem Instrument spielt.

Damit wir uns nicht falsch verstehen: Liebe zu sehen in allem, was geschieht, bedeutet nicht und kann nicht bedeuten, nie mehr zu trauern, nie mehr zu zürnen, nie mehr zu befürchten. Alle Emotionen gehören zum menschlichen Leben, und wem sie fehlen, der ist nicht zu beneiden, sondern ein seelischer Krüppel.

Nehmen wir einmal an, jene von ihrem Ehemann verlassene Dame hätte den irrationalen Glauben verloren, dass etwas anderes handelt als Liebe, wäre sie womöglich trotzdem sehr traurig. Von einer geliebten Person verlassen zu werden ist immer mit Gefühlen von Trauer verbunden. Diese Traurigkeit hätte aber nichts mit ihrer gegenwärtigen Überzeugung zu tun, mit 56 Jahren noch einmal von vorne beginnen zu müssen. Wer sollte von neuem beginnen, wenn niemand da ist außer der Liebe? Wer sollte sie verlassen haben, wenn da nur Liebe existiert?

Wenn sie klar sehen könnte: Es existiert nur Liebe in allem und jedem, würde sie nach einer gewissen Zeit des Trauerns erleben, wie sich Liebe in ihrer neuen Situation manifestiert. Ein Mensch, der sieht, dass nur Liebe existiert, mag zu Boden geworfen werden, aber er wird dort niemals liegen bleiben.

Vollkommen egal, in welcher schwierigen Situation sich jemand gerade befinden mag: Schwerwiegende Konflikte am Arbeitsplatz oder in der Familie, Arbeitslosigkeit, drohender Konkurs, Verlust der Gesundheit, Verlust eines geliebten Menschen – es ist immer Liebe, die am Werk ist. Du magst blind dafür sein, ja, das ist möglich, aber du täuschst dich, wenn du glaubst, die Ursache läge in etwas anderem.

Liebe ist alles. Sie nimmt und sie gibt, sie zerstört und baut auf, sie ist für den Mangel ebenso verantwortlich wie für die Fülle. Und sie tut das alles nur für sich selbst, sie verlässt sich, um sich zu finden, sie wirft sich zu Boden, um sich im Aufstehen erleben zu können, sie stirbt, um aus dem Nichts zurückkehren zu können.

Aus "Hymne an die Liebe"

Liebe wallt durch Ozeane,
Höhnt der dürren Wüste Sand,
Blutet an der Siegesfahne
Jauchzend für das Vaterland;
Liebe trümmert Felsen nieder,
Zaubert Paradiese hin –
Lächelnd kehrt die Unschuld wieder,
Göttlichere Lenze blühn.

Mächtig durch die Liebe, winden
Von der Fessel wir uns los,
Und die trunknen Geister schwinden
Zu den Sternen, frei und groß!
Unter Schwur und Kuß vergessen
Wir die träge Flut der Zeit,
Und die Seele naht vermessen
Deiner Lust, Unendlichkeit!

Friedrich Hölderlin

7

Nichts ist nicht Liebe

Etwa auch der Mörder, der Folterer? Natürlich. Was immer geschieht, geschieht **nur aus Liebe.** Denn da ist nur Liebe. Und genau aus diesem Grund kann sie sich **keiner** möglichen Form der Manifestation verweigern, auch nicht dem, was wir grauenvoll, entsetzlich, entartet nennen.

Du denkst: Diese grauenhafte Erfahrung oder Situation kann doch nun aber wirklich nicht Liebe sein. Falsch, es ist genau andersherum: Wenn das Grauen nicht existierte, existierte auch keine Liebe! Denn was ist Liebe? Es ist die Unmöglichkeit, sich einer möglichen Form, natürlich auch der des Grauens, **verweigern zu können**, sie **muss** sich ihr im Gegenteil **hingeben.**

Du magst erschauern ob dieser Vorstellung, doch du erschauerst nur deshalb, weil du zwischen Gut und Böse unterscheidest und dabei sogar nur dem Anschein nach weißt, was gut und was böse ist.

Und was ist mit den Opfern? Ist etwa auch die Angst, der Schmerz, das unsägliche Leid, das ihnen von den Tätern zugefügt wird, Liebe?

Es gibt nur dem Anschein nach Täter und Opfer. Ich sehe nur Liebe, die in ihrem Rollenspiel als Täter und als Opfer erscheint. Liebe fügt sich jeden Schmerz nur aus Liebe zu und lässt ihn sich auch nur aus Liebe zufügen. Denn das Ausmaß an Liebe, das sie für sich selbst empfindet, ist unermesslich! Genau deshalb gibt es kein Maß, keine Grenzen, und zwar in keine mögliche Richtung. Würden Grenzen existieren, wäre es keine Liebe, weil Liebe unbegrenzt ist.

Noch einmal, denn das ist für dein Verständnis ungemein wichtig: Unbegrenzte Liebe kann sich keiner möglichen Manifestation verweigern. **Genau darin besteht Liebe.** Es ist ihr unmöglich, sich zu verweigern. Existierte etwas, dem sich hinzugeben ihr unmöglich wäre, existierte vielleicht Sympathie, aber sicher nicht Liebe. Wäre sie zu einer einzigen möglichen Tat nicht frei, wäre es nicht Liebe, weil Liebe vollkommen frei ist - zu allem.

Bedenke jedoch: Was auch immer Lebewesen an Qualen zugefügt wird, **das fügt sich Liebe selbst zu. Weil außer Liebe nichts und niemand existiert.** Du als das, für das du dich hältst, nämlich eine Person, bist nur eine Maske der Liebe. Daher ist all dein Klagen Liebe in ihrer Blindheit, an die sie sich jedoch aus lauter Liebe selbst ausliefert.

Also wozu und vor allem **wen** klagen wir an? Spürst du nicht die Unsinnigkeit dieser Anklage? Wenn nichts ist außer der Liebe, dann klagt sie sich bestenfalls selbst an.

In einem Moment fällt der Schleier der Unwissenheit, und du wirst für immer mit dem Anklagen aufhören, wenn dir klar wird, wer da wen anklagt.

Eine resolute Dame erzählte mir: "Ich hasse die Tussi, die meinen Mann rumgekriegt hat. Nach 27 Jahren. Und dabei raucht die am Tag 80 Zigaretten und ist Alkoholikerin." Und sie sagte mir auch: "Ich hasse sie mit all meiner Kraft!"

In Wahrheit ist die Liebe in ihr noch blind dafür, dass sie sich immer und in allem nur selbst begegnet. Nur deshalb vermag sie zu hassen! Stell dir vor, sie könnte begreifen, dass Liebe alles tut und dass niemand sonst verantwortlich ist für das, was jeweils geschieht. Könnte sie weiterhin hassen? Nein, im Gegenteil, sie würde laut lachen, und zwar über sich selbst und ihren vollkommen unsinnigen Hass. Denn ebensowenig wie das, was wir den anderen nennen, etwas anderes sein kann als Liebe, kann das, was "die anderen" tun, etwas anderes sein, als das, was wir (als Liebe) selbst tun.

Es gibt keine zwei, sondern eben nur eines, und das ist die objektlose Liebe. Das Wahrnehmende unterscheidet sich nicht vom Wahrgenommenen. Derjenige, der das Märchen erzählt oder den Traum träumt, ist nichts anderes als das Märchen oder der Traum selbst. Der, der zaubert, ist niemand anderes als das Verzauberte.

Hass ist also auch Liebe? Was sonst? Hass **kann** nur Liebe sein. Wie kommt ein Schatten zustande? Doch nur dadurch, dass Licht existiert. Hass ist daher Ausdruck purer Liebe. Liebe, die sich von sich selbst entfernt hat natürlich. Und je weiter sie sich von sich selbst entfernt, desto mehr scheint sie Nicht-Liebe (Nacht) zu sein. Aber da Liebe alles ist, kann sie nur als von sich selbst entfernte Liebe erscheinen. Könnte sie sich jedoch nicht von sich selbst entfernen, wäre sie unfrei und begrenzt, und das wäre alles andere als Liebe.

8

Jenseits des Verstandes

Denke nicht, dein Verstand würde jemals begreifen, dass Liebe alles ist. Dazu ist er nicht fähig, und dazu hast du ihn auch nicht. Der Verstand hat ganz andere Aufgaben. Dies hier erfasst nur, was man Intuition nennt.

Aber selbst der Begriff Intuition ist nur ein Begriff für etwas, das begreift, ohne dass es logisch erklärt werden muss. Ich würde sagen, das, was begreift, ist jenseits des Verstandes.

Man könnte auch sagen: Das, was begreift, bist du wirklich! Aber auch das wäre nur leeres Gerede. Das, was begreift, kann einfach nicht definiert werden. Und muss auch nicht definiert werden. Es ist schlicht das, was versteht, ohne dass es verständlich sein muss.

Daher ist selbst der Begriff Intuition nicht verlässlich. Nichts ist verlässlich außer das, was sich (selbst) niemals verlässt. Und DAS ist es. Was? Alles, was ist, ohne es jemals zu sein. Außer dem, was sich nie verlässt, selbst wenn es so aussieht, als würde es sich verlassen, existiert nichts. Und das bin ich. Das bist du.

Wenn du das liest - was spürst du? Etwas in dir sagt: Oh ja! Hundertprozentig. Das, was (noch) nein sagt, ist das, was dich noch nicht ja sagen lässt, weil das Ja noch nicht ja zum Ja, sondern ja zum Nein sagen will. (Smile)

9

Es gibt keinen Verstand

Letztlich gibt es keine Sache namens Verstand. Es gibt nur Gedanken. Oder noch besser: einen Gedankenprozess. Der hat nie begonnen, daher hört er auch niemals auf.

Dein Gehirn empfängt die Gedanken wie eine Antenne, Gedanken übrigens, die sich (von) selbst denken, und wenn es sich denkt: “Ich denke”, glaubst du nur zu denken bzw. gedacht zu haben. Nun, das ist das, was der Prozess nun mal tut: Er gibt sich das Gefühl, jemand zu sein, jemand, der das denkt, was von niemandem gedacht wird. Daraus entwickelt sich dann das Spiel, das wir Individuum und Familie, Firma und menschliche Gesellschaft nennen. Und das alles hat sich entwickelt, weil sich ein Gedanke aus dem jeweils vorhergehenden ergab und ergibt und schließlich als Wahrheit, als real anerkannt wurde. Wer das Gegenteil behauptet, ist natürlich ein Lügner, ein Betrüger, ein Narr, ein Idiot, was auch immer.

Wann hat dieses Denken begonnen? Niemals. Es gab also keinen “ersten” Gedanken. Daher gibt es auch keinen letzten. Das ist alles, was über Anfang und Ende gesagt werden kann. Wer darüber mehr sagen will, der muss entweder eine göttliche Schöpfungsgeschichte oder die wissenschaftlich klingende Fabel vom Big-Bang erfinden.

In einigen Individuen wird dieser Prozess initiativlosen Denkens als solcher erkannt. Bei diesen stoppt nicht das Denken, sondern der Eindruck, sie würden in eigener Initiative das denken, was von niemandem initiiert und gedacht wird. Manchmal denkt es, sie würden sich dazu entscheiden herauszufinden, dass sie nicht denken, in Wahrheit jedoch ging der Gedankenprozess einfach in diese Richtung. Man könnte sagen: Was auch immer gedacht wird, ist Zufall. Doch dieser Zufall ist vollkommen abhängig von dem, was jeweils gedacht werden **kann**. Wer vorher wissen könnte, was gedacht werden kann, der würde auch wissen, was gedacht **werden wird**. Und so wäre er in der Lage, jedem Lebewesen detailliert zu prophezeien, was es denken und daraufhin tun wird, denn wir tun und sind natürlich auch das, was wir denken.

Aus diesem Grund geschieht, obwohl ständig neu, nie etwas Neues, weil alles, was gedacht und daraufhin getan werden kann, nur das ist, was zwingend getan werden muss, allerdings ohne dass es jemals wirklich geschieht. Und was geschehen wird, weil es nicht anders als geschehen kann, ist natürlich bereits geschehen und wird lediglich "aktualisiert".

Ist das jetzt klar? Nein? Nun, dann ist der Gedankenprozess noch nicht da, wo er sein muss, um das, was gerade vor-gedacht wurde, nach-denken zu können. Und das ist nicht weiter schlimm, denn wenn es jemals nachgedacht werden kann, ist das kein Vorteil, sondern ein Nachteil. Warum? Nun, wenn niemand mehr da ist, der sich verantwortlich **machen kann** für sein Denken und Handeln, dann laufen die Gedankenprozesse schlicht für niemanden ab. Das tun sie zwar sowieso immer, aber sobald gesehen wird, dass niemand das denkt, was gedacht wird, ist natürlich auch niemand mehr da, der zu schätzen weiß, dass niemand denkt. Nur wenn jemand da ist, der zu denken vermag, dass er in Wahrheit nicht denkt, könnte das Nichtdenken geschätzt werden können. Aber genau das, nämlich der Jemand, fällt weg, wenn erkannt wird, dass niemand da ist, der denkt. Also besser ungeschätzt denken, man denke, als ungeschätzt denken, dass niemand denkt. Oder?

Das Denken der Gedanken geschieht ohne Denker. Es gibt wirklich keinen Denker, der denkt. Es gibt nur Gedanken, die sich teilweise zusammenhängend, aber ebenso auch völlig unzusammenhängend bilden. Ohne dass jemand sie initiiert. Wie im Traum: Du schläfst, und plötzlich bist du in Afrika und sitzt auf einem Elefanten, ohne je auf den Kontinent geflogen oder auch nur zum Flughafen nach Frankfurt gefahren zu sein.

Was passieren kann, ist, dass (dir als niemand, der glaubt, er sei jemand) das Folgende irgendwann klar wird:

Ich denke nur, dass ich denke,
in Wahrheit wurde und werde ich immer gedacht.

10

Wenn der Zeuge erscheint

Wenn dieser Gedanke auftaucht – "Ich denke nur, dass ich denke, in Wahrheit wurde und werde ich immer gedacht" –, ist es ein Zeichen dafür, dass die Suche nach dem, der denkt, dass **er** denkt, ihrem Ende entgegengeht. Denn was geschieht, wenn dieses Wissen erscheint? Das Denken **wird**, noch besser: **kann** nur noch beobachtet werden.

Es gibt nun einen Zeugen, und das, was gedacht wird, wird nicht mehr als "mein Denken" oder als "das, was ich denke" betrachtet. Und daher kommt es zu einem Ablösungsprozess. Oder zur Entidentifizierung.

Solange der Gedanke "Ich denke" regiert, geschieht Ich-Involvierung bzw. Identifizierung. Ganz klar, denn wenn du denkst, dass du all das denkst, was von niemandem gedacht wird, hast du gar keine andere Wahl als zu glauben, dass das, was gedacht wird, von **dir** gedacht wird.

Ein Beispiel: Viele Jahre beherrschte mich der Gedanke: Ich entscheide, was ich denken will! Denke ich positiv, zwinge ich die Umstände ins Positive. Denke ich negativ, gehen die Umstände ins Negative. Dies denkend, konnte unmöglich der Zeuge erscheinen.

Als spirituell Suchender las ich natürlich Advaita- und ZEN-Literatur. Und freilich meditierte ich auch. Beobachtete also Gedanken, Gefühle, Körperempfindungen etc. Dennoch fand der Gedanke, dass ich keinerlei Kontrolle über meine Gedanken habe, keinen Eingang in meinen Gedankenprozess. Warum? Ganz einfach: Weil die Zeit noch nicht reif war. Weil der Prozess, in dem der nicht vorhandene oder virtuelle Denker dachte, "er" denke, noch nicht zu Ende sein wollte und konnte. Denn ist er zu Ende, geht ein schönes Spiel zu Ende, das zwar jede Menge Leiden, aber ebenso auch faszinierende Erlebnisse mit sich bringt.

Du kannst dich bemühen, das, was du hier liest, zu verstehen, du wirst es nur dann verstehen können, wenn der gedankliche Prozess dahin führen SOLL. Es kann sehr gut sein, dass du glaubst zu verstehen und in Wahrheit überhaupt nichts verstehst. Warum? Nun, weil das, was du liest, von deinem Wahrnehmungsfilter in genau das übersetzt wird, was deinem Wahrnehmungshorizont entspricht. Dann mögen wir dieselben Worte benutzen und doch etwas völlig anderes meinen bzw. verstehen.

11

Wahrheit und Wahrnehmung

Du nimmst nur eine Welt wahr. Aber sie existiert nicht. Und selbst diese Aussage ist nicht ganz richtig. Denn du als wahrnehmende Person existierst ebenfalls nicht. Das, was wahrnimmt, denkt nur oder stellt sich nur vor, es sei als Ich, als Person, als Individuum existent. Manch einer erschrickt, wenn er dies liest oder hört. Ich finde es einfach nur genial, nicht zu sein und nicht sein zu müssen, was ich zu sein scheine!

In Wahrheit bist DU absolut statisch. Unbeweglich. Das kannst du sogar empfinden, denn etwas in dir verändert sich nicht, egal wie alt du bist, in welchem emotionalen Zustand du bist oder wo auf dieser Welt du dich gerade befindest. Alles findet in dieser Unbeweglichkeit statt, wobei nicht definiert werden kann, wer oder was du in Wirklichkeit bist.

Was du siehst, hörst, ertastest, riechst, schmeckst, existiert nur in der WAHRNEHMUNG, ist aber nicht WAHR, sondern ein abwechselnd schönes und grausames Märchen, das sich in sich stets verändernden Bildern erzählt. Und obwohl das, was jeweils geschieht, ganz und gar auf Zufall basiert, ist es so berechenbar wie die einfache Rechenaufgabe: Wie viel ist zwei mal zwei? Ordnung im Chaos. So ist das gesamte Universum organisiert.

Die Welt könnte (uns) nicht erscheinen, würde sie nicht wahrgenommen. Das mag dir zunächst völlig abwegig erscheinen. Du denkst, da steht doch tatsächlich ein Stuhl! Ich kann ihn nicht nur sehen, sondern auch anfassen, mich auf ihn setzen, ihn verschieben etc. Ja, das stimmt schon, aber ohne dass er wahrgenommen würde, wäre der Stuhl noch nicht einmal sichtbar und schon gar nicht verschiebbar. Er wird sozusagen erst real, indem dein Gehirn das, was nicht ist, als Stuhl kreiert. Und ohne die Bezeichnung "Stuhl" wüsstest du noch nicht einmal, dass es sich um einen Stuhl handelt. Das Gehirn ist nur der Transformator dessen, was das Bewusstsein in sich selbst erzeugt. Es erzeugt in sich selbst die Illusion einer realen Welt, die in Wahrheit nicht existiert. Einfach so. Das kostet nicht mehr als ein Fingerschnippen.

Ein wenig magst du begreifen, dass es sich um eine virtuelle Welt handeln könnte, wenn du dir klar machst, wie leicht es heute ist, virtuelle Welten auf den Monitor eines PCs zu zaubern. Da ist in Wirklichkeit nichts REALES, es erscheint nur ALS REAL, weil du die entsprechende Software installiert hast.

Warum erlebt eine Biene die Welt nicht ebenso wie ein Mensch? Weil ihre Wahrnehmungsorgane andere sind. Aber auch wir Menschen nehmen jeweils eine andere Welt wahr, weil sich die Art, wie wir sie wahrnehmen, stets unterscheidet.

Wahrnehmung, das ist es, was existiert, ist das, was du bist, und sie ist nur eine, obgleich sie in jedem Instrument, jedem Körper, durch den sie wahrnimmt, die Welt auf andere Weise interpretiert. Und deshalb ist jedes Individuum das Zentrum des Universums.

12

Entzauberung

Im Leben aller Menschen beginnt früher oder später die Entzauberung. Sie ist wie bei einer Hypnose nur möglich, wenn beispielsweise von 10 aus rückwärts gezählt wird und bei null ein Fingerschnippen erklingt. Das Fingerschnippen der Liebe hat fast immer denselben Klang: Enttäuschung.

Ach, wie war ich doch einmal auf dem Zenit des Erfolgs, und jetzt kann ich noch nicht mal meine Miete bezahlen! Ach, wie schön und jung war ich mal, und jetzt hab ich Falten im Gesicht, und mein Körper gerät um die Hüften total aus den Fugen. Ach, wie sehr liebte ich diesen Menschen, und jetzt leben wir nur noch wie Geschwister zusammen! Ach, wie sehr habe ich meinem Freund vertraut, und nun hat er mich hintergangen! Ach, wie sehr hab ich einmal an Gott geglaubt, und jetzt kann ich gar nichts mehr glauben! Ach, wie war ich doch einmal so kerngesund und vital, und jetzt habe ich Krebs. So entzaubert sich Liebe. Indem sie die Illusionen, die sie einst aus dem Hut zauberte, einfach wieder auflöst. Als hätte es das, was einst Wirklichkeit zu sein schien, nie gegeben.

Manche Menschen und wohl die meisten brauchen nicht nur *eine* Enttäuschung, um entzaubert zu werden. Kürzlich war eine Frau bei mir, die von Kindesbeinen an Enttäuschung über Enttäuschung erlebte. Missbrauch als Kind, Schläge vom Vater, Todesfälle in der Familie, Krankheit, Misserfolge am laufenden Band. Doch manchmal sind selbst solche knallharten Geschehnisse nicht in der Lage, Menschen zu entzaubern.

Aber in Wahrheit gibt's keine Menschen. Und es gibt auch kein Leid. Es gibt nur den Zauber der Liebe in verschiedenen Intensitäten und den Prozess der Entzauberung. Und es spricht nur für ihre grenzenlose Zaubermacht, wenn es nicht ganz so leicht ist, entzaubert zu werden. Du denkst womöglich: Ach, so viel Leiden! Unsinn, es gibt nur keinen anderen Weg für die Liebe, um sich selbst zu entzaubern. Enttäuschung bedeutet das, was das Wort sagt: ENT - TÄUSCHUNG!

Du magst Gott oder das Schicksal anklagen, doch das wäre dann nur ein weiterer "fauler" Zauber, der dich in der Illusion festhält. Du magst den wahren Sinn des Lebens oder die letztgültige Wahrheit suchen, aber du wirst keine finden. Der Grund: Liebe hat sich verzaubert, ohne dabei jemals etwas anderes zu werden, als das, was sie ist. Was also solltest du finden?

Die "Hämmer" muss Liebe verwenden, um sich in dir die Augen dafür zu öffnen. Sie tut dir nichts an, sie tut sich das alles selbst an, weil nur sie existiert und weil sie, wenn sie es nicht täte, niemals entzaubert werden könnte.

Der Zauber ist ungeheuer machtvoll. So machtvoll, dass die meisten, die diesen Text unvorbereitet lesen, überzeugt sein werden, dass es sich dabei nur um die Hirngespinste eines durchgeknallten Zeitgenossen handeln kann. In Wahrheit, mein Freund, ich muss es dir leider sagen, bist du der Angeschmierte. Du erliegst noch immer dem Zauber der Liebe.

Das ist aber nicht schlimm, und ich klage dich dafür auch nicht an. Ebenso wenig, wie ich einem Hypnotisierten, der bellt wie ein Hund, weil er in der Hypnose glaubt, er sei Bello, Vorwürfe machen würde. Aber vielleicht bin ich gerade dabei, dich zu enttäuschen.

Keiner ist gegen den Zauber der Liebe immun. Selbst dann, wenn du entzaubert bist, lebst du noch in einer Welt, die Augenblick für Augenblick durch den Zauber der Liebe entsteht. Und was wäre schließlich ein Leben ganz ohne Zauber und Verzauberung? Nicht wert, gelebt zu werden, nicht wahr? Nur eins kann nach der Entzauberung nicht mehr passieren: dass du den Zauber nicht als Verzauberung durchschaust. Ganz egal, wie verzaubert du ab und zu bist, die tiefe Gewissheit, dass es sich bei allem um den Zauber der Liebe handelt, weicht dann nicht mehr von dir.

13

Zur spirituellen Suche ist man verdonnert

Erst ganz am Ende meiner spirituellen Suche fand ich heraus, dass die Suche ein Prozess ist, den die Essenz selbst initiiert und beendet. Ich glaubte zwar verzweifelt nach dem Sinn des Lebens, nach der Wahrheit zu suchen, in Wirklichkeit jedoch tat “ich” gar nichts. Da waren nur diese Fragen, die ich einfach nicht loswerden konnte:

Woher komme ich? Wozu bin ich hier? Wohin gehe ich?

Da war oft der Gedanke: Warum nicht wie andere leben? Und ganz andere Fragen stellen. Beispielsweise: Wie komme ich möglichst schnell zu viel Geld? Wie mache ich Karriere? Wie kriege ich so viele Mädels wie irgend möglich ins Bett? Solche Fragen stellten sich mir zwar zeitweise auch, aber sie waren weitaus weniger dringlich als die vorher genannten. Auch meine Lebensumstände drängten in diese Richtung. Ebenso die Menschen, denen ich begegnete. Ich hatte wirklich überhaupt keine Wahl. Es sah so aus, als hätte ich stets wählen können, natürlich, aber es war mir gänzlich unmöglich, einen anderen Weg zu gehen als den, den ich ging.

Wer nach Gott, dem Lebenssinn, der Wahrheit sucht, tut dies zumeist schon, wenn er noch ganz jung ist. Und er kann niemals damit aufhören. Egal, wie sehr er später ins Studium und noch später in seinen Beruf oder seine Familie involviert ist. Seine tiefste Leidenschaft wird immer der spirituellen Suche gehören. Ich erinnere mich, nach wilden Partys betrunken ins Bett gefallen zu sein und dennoch vor dem Einschlafen noch irgendeinen spirituellen Text gelesen zu haben, obwohl meine Sinne so verwirrt waren, dass ich gar nicht mehr verstand, was ich las. Und doch, selbst in solchen Situationen stellten sich mir die wesentlichen Fragen, und ich konnte nicht damit aufhören, Antworten finden zu wollen. Es war ein Hunger, der durch die Ansammlung von Wissen nicht gestillt werden konnte. Geht es dir ähnlich?

14

Niemand entscheidet und handelt

Jeder einzelne Gedanke, den Sie in den nächsten 30 Jahren denken werden, wird durch den jeweils vorhergehenden Zustand des Universums determiniert sein. Das vermeintliche Zentrum des inneren Erlebens ist das Produkt einer umfangreichen Verwechslung, keiner war oder hatte jemals ein Selbst. Weil wir uns fortlaufend mit den Modellen, sprich Bildern verwechseln, die das Gehirn im Wachzustand produziert, halten wir unser Ich für real. In Wirklichkeit ist es nicht mehr als eine Illusion. Schon das zu sagen wäre zu viel, denn nur ein Jemand kann eine Illusion haben. Wir sind aber gewissermaßen niemand.

Prof. Dr. phil. Thomas Metzinger (Uni Mainz)
Autor des Buches *Being no one*

Die einzige Freiheit, die du besitzt, ist das Gefühl, frei entscheiden und handeln zu können. Hirnforscher fanden heraus: Das Gehirn betrügt sich selbst, indem es seinem virtuellen Benutzer vorenthält, dass es alles entscheidet, bevor ihn der Gedanke oder das Empfinden ereilt, die Entscheidung des Gehirns treffen zu **wollen.***

Verzaubert glaubst du, dass jemand existiert, der entscheidet und handelt, in Wahrheit jedoch ist niemand vorhanden, die gesamte Existenz ist nur ein Zauber oder ein Traum, die Welt und alles in ihr ist vollkommen substanzlos, Leere, die sich absurderweise wie Fülle anfühlt und aufführt.

Alles, was du an Veränderung erfährst, ist ebenfalls das Ergebnis des Zaubers. Alles, was dir verzaubert etwas bedeutet, ist hinsichtlich der Bedeutung, die "du" ihm gibst, vollkommen bedeutungslos.

Alles, was dir verzaubert wertvoll ist, ist hinsichtlich des Wertes, den "du" ihm beimisst, vollkommen wertlos.

Alles, was dir verzaubert sinnvoll erscheint, ist hinsichtlich des Sinns, den "du" ihm gibst, vollkommen sinnlos.

Wenn du erst einmal checkst, dass das, was du als real betrachtest, Illusion ist, wirst du zu keinem anderen Ergebnis kommen können.

* "Das bewusste, denkende und wollende Ich ist nicht im moralischen Sinne verantwortlich für dasjenige, was das Gehirn tut, auch wenn dieses Gehirn 'perfiderweise' dem Ich die entsprechende Illusion verleiht." Gerhard Roth, *Aus Sicht des Gehirns*.

15

Gott wurde aus dem Hut gezaubert

Alle Götter sind erfundene Götter, und die Welt wurde niemals (von ihnen) erschaffen. Alle Religionen sind Ausgeburten der Fantasie, egal, wie sehr ihre Botschafter darauf bestehen, die Botschaft von ihrem Gott empfangen zu haben.

Ich zweifle mitnichten am Empfang ihrer Botschaft, ich heiße sie keineswegs alle Lügner, Heuchler oder Geschäftemacher, im Gegenteil, unter ihnen sind die besten, die sanftmütigsten, genialsten, weisesten, liebevollsten Menschen.

Viele von ihnen glaubten und glauben voller Inbrunst und Hingabe daran, dass ihr Gott zu ihnen sprach, und er sprach tatsächlich zu ihnen, doch das, was er zu ihnen sprach, ist Ergebnis des Liebeszaubers.

Alle Botschafter sprechen vom einzig wahren Gott! Wie ist es möglich, dass er uns so viele verschiedene und einander widersprechende Botschaften sandte?

Moses sagte: “Hasst eure Feinde”, Jesus sagte: “Liebt sie!” Das Buch Mormon enthält eine andere Botschaft als jene, die Joseph Franklin Rutherford, der Begründer der “Zeugen Jehovas”, von seinem Gott Jehova erhielt. Katholiken und Protestanten glauben jeweils etwas anderes, der Prophet Mohammed wiederum sagt etwas anders als der Prophet Jesaja, Krishna etwas anderes als Buddha oder Laotse.

Was ist Wahrheit?

Dass es keine gibt!

Alles zusammenfabuliert, alles ein Märchen, das sich selbst erzählt.

Liebe liebt sich so sehr, dass sie nicht anders kann, als von sich selbst verzaubert zu sein, und so erzählt sie sich nicht nur das, was sie ist, sondern vor allem auch das, was sie niemals sein könnte und möchte. Und sie erzählt es sich so glaubwürdig, dass nicht nur heilige Bücher entstehen, sondern auch Kathedralen und religiöse Organisationen, sozusagen ein Zauber im Zauber, und jede von ihnen ist so grenzenlos verzaubert, dass es nahezu unmöglich ist, sie zu entzaubern. (Dass ich entzaubert wurde, der ich ein verbohrter, christlicher Fundamentalist war, ist wirklich ein Wunder.)

Betrachte die Religionen, sieh dir an, was sie bewirken, gleichermaßen Gutes und Böses, so wie alles andere.

Unter Stalin und Hitler sind vermutlich nicht mehr Menschen qualvoll verendet als unter den Folterknechten der Inquisition. Durch die Diktaturen auf diesem Globus sind sicher weniger Menschen unterdrückt worden als durch die Dogmen der "absoluten Wahrheit" der monotheistischen Religionen.

Gibt es einen Beweis, dass die Religionen den Menschen mehr Wohltaten brachten als die sogenannte Aufklärung durch Locke, Newton, Leibniz, Voltaire, Hume, Rousseau, Kant, Lessing, Goethe und Schiller?

Gleichermaßen Gutes und Böses geht von allem aus, die große Zauberin verändert nur ihre Masken, ihre Formen, ihre Gestalten, das **Wesen** des Zaubers verändert sich aber nicht, das Paradies auf Erden kann es nicht geben, Gutes und Böses halten sich stets die Waage, und was dir gut erscheint, erscheint einem anderen als böse.

Ein Grubenarbeiter kann ebenso glücklich und glücklicher noch sein als ein Ölprinz in Dubai, eine Prostituierte ebenso hingebungsvoll und liebender noch als Mutter Theresa, ein Papst kann skrupelloser sein als der Romanheld Grenouille in Patrick Süßkinds genialem Roman *Das Parfüm*, was wir nach außen zu sein scheinen, muss nicht zwingend in Übereinkunft stehen mit unserem Inneren.

16

Kein Anfang, kein Ende

Wenn du einen Anfang suchst und dich fragst: Wann hat dieser Zauber begonnen? so ist die niederschmetternde Antwort: niemals!

Wenn du fragst: Und wann hört er auf, dieser Zauber? Ist die Antwort die gleiche: niemals!

Sieh dir einen Kreis an und sag mir: Wo willst du den Anfang setzen? Und wo das Ende?

Alle Weltursprungserklärungen werden auf der linearen Ebene gesucht. Daher geht die Suche immer weiter. Selbst der geniale Stephen Hawkins wird niemals sein Lebensziel erreichen und einen Anfang finden. Weil die Linie, auf der er sie sucht, niemals endet, denn sie ist in Wahrheit ein Kreis. Die Welt ist niemals entstanden. Daher kann sie auch nie untergehen. Sie ist nur ein Zauber, mit dem sich die große Zauberin Liebe verzaubert, ohne jemals zu sein, was sie zaubert. Immer und ewig wird sie verzaubert sein. Weil Liebe verzaubert! So ist sie eben.

17

Zauberhafte Erlösung

Wenn du fragst: Gibt es denn keine Erlösung aus dieser Verzauberung, die ja nicht immer nur schöne, erhebende Gefühle erweckt, sondern bei der sich auch Abgründe auftun, Situationen, die schmerzen, deprimieren und niederschmettern, so formuliert sich die Antwort in einer Gegenfrage: Wer sollte erlöst werden können, wenn da nur Liebe ist?

Wenn “du” tatsächlich Erlösung erfährst, dann bist “du” nicht mehr, sondern Liebe, die sich entzauberte. Und das bedeutet nur, dass eingesehen wird, dass es “dich” gar nicht gibt und nie gab.

Du glaubst an den erlösten Menschen? Du kennst sogar einen? Nur weil er milde lächelnd auf einem blumenumkränzten Thron sitzt und eine Aura von Frieden verströmt? Weil er Worte der Weisheit spricht?

Weil er dir Frieden schenkt? Unsinn, mein Freund!

Der Guru ist ebenso nichtsnutzig wie eine Stechmücke, ebenso sinnlos wie ein verhungerndes Kind, ebenso wenig verantwortlich für seine Weisheit wie eine Kobra für ihren Giftzahn, mit dem sie einem arglosen Wanderer den Tod bringt, um nichts besser als ein gewissenloser Slumbewohner in Bombay, der einen verirrten Touristen wegen einer einzigen Rupie den Schädel einschlägt.

Du suchst nach Erlösung und glaubst dich deshalb auf einem höheren geistigen Niveau als jener, dessen ganzes Streben sich darauf richtet, möglichst viel Geld zusammenzuraffen, One-night-Stands zu sammeln wie andere Münzen und den neuesten Ferrari zu fahren? Weit gefehlt, er kann ebenso wenig für sein "materielles" Verlangen und seine Lüsternheit, wie du etwas dazu getan hast, nach Erlösung zu suchen und täglich im Lotussitz zu meditieren.

Du hast noch niemals in deinem Leben irgendetwas gewählt, irgendetwas entschieden, ja noch nicht einmal getan hast du etwas. ALLES wurde gänzlich ohne dich entschieden, gewählt und getan. Denn "du" existierst nicht, du bist wie ein Schattenriss, eine Hypothese, Teil eines absurden Märchens, das sich so faszinierend erzählt, als wäre es tatsächlich wahr, du bist nicht mehr als eine Romanfigur, alles ist nur so, als ob es existent wäre, du hast also lediglich das Empfinden zu existieren, in Wahrheit jedoch bist "du" überhaupt nicht vorhanden.

Natürlich, anatomisch betrachtet läuft da ein Lebewesen herum, ein mit Haut überzogenes Skelett mit Adern, durch welches Blut gepumpt wird, mit einem Herz, das für das Pumpen zuständig ist, mit einem Magen, der den Treibstoff aufnimmt, mit einer Lunge, die für die Sauerstoffzufuhr zuständig ist. Ein Körper-Geist-Organismus, ganz offensichtlich eine hochkomplexe Bio-Maschine mit einer Software, die wir Gehirn nennen und nach deren Programm die Maschine mehr oder weniger gut funktioniert. Bei manchen scheint sie defekt zu sein, die bezeichnen wir dann als Psychopathen. Bei einigen funktioniert sie mehr als perfekt, die nennen wir dann Wunderkinder, Genies oder Kapazitäten.

Wie konnten wir nur übersehen, dass wir andauernd aus dem Nichts kommen und natürlich ständig dahin zurückgehen? Nicht nur am Anfang und am Ende dessen, was wir Leben nennen. Nein, jede Nacht und sogar jeden Moment.

Wer bist du, wenn du in die Traumwelt der Nacht versinkst? Und wo bist du dann? An allen möglichen Orten, nicht wahr? Und hast du in deiner Traumwelt nicht auch einen Körper? Kannst du dich nicht genauso bewegen wie im Wachzustand? Fühlst du nicht sogar manchmal Schmerzen? Hast du nicht auch Gefühle im Traum? Könntest du dich nicht bis über beide Ohren verlieben im Traum? Könntest du nicht sogar ejakulieren, also einen realen Orgasmus erleben? Also, wo liegt der Unterschied zu dem, was du Leben und Realität nennst?

Wenn du aufwachst, weißt du: All das, was ich erlebte, war Seifenschaum! Irreal! Ohne Substanz! Bedeutungslos! So, als wäre es nie dagewesen!

Oder was denkst du über einen Traum, wenn du vom Schlaf erwachst? War das, was du im Traum erlebtest, etwa real? Waren deine Gefühle real? War dein Körper real oder die Körper der anderen? Selbst wenn du im Traum jemanden erschlagen hättest: Müsstest du im Wachzustand etwa dafür büßen? Natürlich nicht, denn es waren nur Bilder ohne einen einzigen Funken Realität.

18

Noch nie eine Wahl

Der Glaube, frei wählen und frei entscheiden zu können, ist auch nicht mehr als das Ergebnis eines Zauberbanns.

Du wurdest ins Leben geworfen, konntest weder Vater noch Mutter wählen, nicht den Ort der Geburt, nicht die Umgebung, in der du aufgewachsen bist, nicht deine Erzieher, nicht deine Erziehung, nicht deine Körperform, nicht dein Aussehen, nicht deine geistige Kapazität, nicht deine Gene, nicht deine frühkindliche Konditionierung.

Irgendwann als Kind kommt das Empfinden hinzu, nicht gehorchen zu müssen, wenn deine Erzieher etwas von dir verlangen, du hast das Gefühl, dein Zimmer nicht aufräumen zu müssen, die Hausaufgaben nicht machen zu müssen, dafür glaubst du, frei zu sein, um mit den Freunden Fußball zu spielen, dich an verbotenen Orten herumzutreiben, Doktorspiele zu spielen, zu masturbieren – wenn auch (dummerweise) mit schlechtem Gewissen. (By the way: Sex mit sich selbst zu haben ist lediglich eine andere Variante als Sex mit jemand anderem.)

Du hast das Gefühl, dich selbst gegen die Anordnung deiner Erzieher entschieden zu haben, aber in Wahrheit hast du nur das Empfinden, selbst entschieden zu haben, denn das Empfinden, frei entscheiden zu können, ist die einzige Freiheit, die du besitzt. Du bist ebenso in all das geworfen, was du glaubst, selbst entschieden zu haben, wie du bei deiner Geburt ins Leben geworfen wurdest.

Dein Gehirn ist der Meister, so könnte man sagen, doch auch dein Gehirn ist nur ein vorgelagertes Instrument, in Wahrheit entscheidet der mächtige Zauber der Liebe, und deine individuelle Geschichte erzählt sich ohne jemanden, der sie erzählt.

19

Nur Liebe handelt

Die meisten Menschen, die das Agape-Konzept anspricht, wollen die Liebe spüren. Am besten andauernd. Das ist verständlich, denn gibt es ein Gefühl, das uns mehr begeistert, mehr zufriedenstellt, mehr fasziniert als die Liebe? Wohl nicht.

Mit dem Gefühl der Liebe ist es jedoch wie mit allem, das wir unbedingt wollen: Wir bekommen es nicht, im Gegenteil, es flieht vor uns, läuft auf und davon!

In Liebe zu sein ist vielmehr ein inneres Sehen als ein Gefühl. Wenn du hinter allen Erscheinungen Liebe siehst, spielt das Gefühl nicht mehr die entscheidende Rolle. Was ich meine, ist: Du bist dann nicht mehr auf das Gefühl fixiert.

Ein Beispiel: Du wartest dringend auf eine Zusage, bekommst aber eine Absage und bist natürlich enttäuscht. Gleichzeitig ist es dir unmöglich zu glauben: Da blockiert mich "jemand" anderes als die Essenz allen Seins! Dann wird sich die Enttäuschung anders anfühlen, und sie wird auch nicht lange andauern können.

Wenn du lediglich daran glaubst, Liebe sei in allem und alles, wird diese Überzeugung zweifelsfrei bei einem Härtetest wie ein Kartenhaus zusammenbrechen. **Sehen** wirst du nicht, wenn du eine Überzeugung, einen Glauben hinzugewinnst. **Sehen** kannst du nur, wenn du etwas verlierst, wenn der Schleier fällt, der dir den Blick für die Wirklichkeit verstellt hatte. Dann ist es nämlich unmöglich, NICHT zu erkennen, dass nur Liebe handelt, und zwar selbst dann, wenn sie dich schlägt.

Liebst du selbst die Hand, die dich schlägt? Dann erst siehst du Liebe in allem. Und dann bist du nicht mehr auf das Gefühl der Liebe fixiert. Aber genau dann wirst du sie fühlen. Selbst dann, wenn es rein äußerlich überhaupt keinen Anlass für gute Gefühle gibt.

Wenn du im Lotto Millionen gewinnst, beruflich Karriere machst oder den Traumpartner bekommst, wirst du dich natürlich supergut fühlen. Und wenn du dich supergut fühlst, dann ist das Gefühl immer Liebe, denn Liebe ist die Essenz allen Seins. Du bist Liebe, immer, in jedem Fall, egal wie du bist, wer du bist, was gerade passiert. Selbst, wenn es dir nicht bewusst ist.

Wer dies zu sehen vermag, in dem hat sich Liebe verwirklicht. Er ist im Grunde genommen nicht mehr vorhanden. Er hat zwar noch einen menschlichen Körper und einen Namen, aber das ist für ihn sekundär.

Ich bin Liebe. Du bist Liebe. Jedes Lebewesen ist Liebe, ja selbst jeder graue Feldstein ist eine Liebesmanifestation. Weil nur Liebe existiert. Aber in den allermeisten Menschen vermag sich Liebe noch nicht zu erkennen. Und das ist weiß Gott kein Beinbruch, sondern ihr Versteckspiel mit sich selbst.

Ich bedauere niemanden, der sich verzweifelt auf der Suche nach sich selbst befindet. Nicht deshalb, weil ich kein Mitgefühl hätte, sondern weil der Mensch für mich gläsern ist. Der Mensch ist nur eine Maske, mit der die Essenz Theater spielt. Liebe versteckt sich, und solange sie sich versteckt hält, scheint sie einmal gegenwärtig zu sein und dann wieder nicht.

Alles, was in dieser Welt an Grauenvollem geschieht, ist Liebe, die sich versteckt hält. Man könnte auch sagen: Liebe, die sich all dem vollkommen hingibt, ja ausliefert, was ihre Rolle im Theaterspiel hergibt. Aber es ist in jedem Fall Liebe, weil nur Liebe existiert.

Du wirst nicht in der Liebe bleiben können, solange du Menschen siehst. Insbesondere dann nicht, wenn sie Dinge sagen oder tun, die sich schädigend auf dich oder andere Lebewesen auswirken.

Ich sehe natürlich auch Körperformen, die man Menschen nennt. Solche die sich aus meiner begrenzten Sicht als Individuum günstig verhalten, und andere, die sich ungünstig verhalten. Aber meine Sichtweise als begrenztes menschliches Wesen bezieht sich nur auf die Rolle, die Liebe durch mich spielt. In derselben bin ich nicht etwa immer "lieb". Nein, ich weiß mich durchaus scharfzüngig und glasklar zu artikulieren, wenn es um die Absicherung, die Abgrenzung oder die Verteidigung meiner oder einer anderen menschlichen Existenz geht. Aber das ist eben nur eine Rolle, die ich spiele, nicht mehr. Wie ein Schauspieler, der genau weiß, dass er nicht ist, was er spielt.

Egal was passiert, die Gewissheit ist da, dass nur Liebe handelt, nicht der Mensch, nicht das Tier, noch nicht einmal eine Blume, die aufblüht und verblüht. Liebe ist die einzige Macht, die einzige Energie, das einzige Wesen. Niemand sonst ist, und niemand sonst handelt, nur sie.

Denke nicht, du könntest dies jemals verstehen! Dazu hast du deinen Verstand nicht. Nur die Essenz, nur Liebe selbst vermag zu verstehen, und es geschieht, wenn sie sich nicht mehr verhüllt.

20

Was die Liebe verdeckt

Du hast, wenn überhaupt, nur *ein* Problem. Und das ist der Eindruck, dass etwas in deinem Leben, was auch immer es sein mag, nicht so ist, wie es deiner Vorstellung nach sein soll.

Stell dir für einen winzigen Moment vor, diese Vorstellung, dieser Gedanke könnte **niemals mehr auftauchen**. Wie würdest du dich dann fühlen?

Wäre dann noch ein Widerstand da? Vielleicht schon, aber selbst er dürfte sein. Wären noch Wünsche da? Womöglich, aber da wäre nicht der Gedanke, ohne ihre Erfüllung unmöglich glücklich sein oder werden zu können. Möglicherweise wäre ab und zu der Eindruck vorhanden, dass eine Veränderung zweckmäßig wäre, doch der Wunsch nach Veränderung würde sich nicht auf der psychologischen, sondern nur auf der funktionalen Ebene bilden. Heißt: Wenn du Zahnweh hättest, würdest du dir freilich wünschen, schmerzlos zu sein und höchstwahrscheinlich einen Zahnarzt aufsuchen. Aber du würdest dir nicht den

Kopf darüber zerbrechen, warum du diesen Schmerz erleiden musst, wo du doch so ein feiner Mensch bist, oder darüber, warum es deinem egoistischen Nachbarn so gut geht, obwohl der so ein mieser Hund ist.

Daher ist das einzige Problem, das wir haben können, wirklich **nur ein Gedanke**. Niemals eine Situation, niemals eine Emotion, immer nur ein Gedanke. Und zwar: Es ist jetzt nicht so, wie ich's mir vorstelle, wäre es aber so, wie ich's mir vorstelle, dann wär's perfekt!

Du magst fragen: Wer hat mir nur diesen Gedanken ins Gehirn gesetzt? Und ich antworte: Liebe! Denn das ist ihr Spiel. Eine Art Versteckspiel: Sie tut so, als wäre da ein Ich, das sich sagt, dass die Situation oder die Emotion, die gerade ist, nicht so ist, wie sie sein sollte, und daher so sein sollte, wie "ich" es mir vorstelle. Dieser Wunsch wird jedoch nie erfüllt. Denn was immer du tust, um dir den jeweiligen Wunsch zu erfüllen, eine gewisse Zeit später ist es wiederum nicht so, wie es sein sollte. Bis du schließlich erkennst, dass nur **der Gedanke**, dass es anders sein sollte, die Störung verursacht. Und wenn das geschieht, wirst du zum Zeugen. Wann immer der Gedanke erscheint, weißt du: Ach ja, dieser Störenfried wieder! Und wenn er erst mal ENTDECKT ist, kann er den Frieden deines Herzens nicht mehr VERDECKEN und löst sich von ganz allein auf.

Es ist wirklich so einfach. Und es erscheint dir nur deshalb so schwer, weil es so einfach ist. "Was Wirkung zeigt, das muss schwer sein!" So unsere Vorstellung!

Bring deinem Gehirn einfach bei, dass du dich für alles, was gedacht, gefühlt und getan wird, lieben willst, und es wird dir schließlich gehorchen. Wie funktioniert das? Dies zeigt uns die neueste Hirnforschung zusammen mit NLP (Neurolinguistische Programmierung).

21

Nimm die Agape

Der Hirnforscher Dr. Gerhard Roth zeigt konsequent auf, dass das, was wir als bewusste Entscheidung wahrnehmen, das Ergebnis eines komplexen **unbewussten** Prozesses ist. Während unser Bewusstsein noch nachdenkt, hat unser Unterbewusstsein längst eine Entscheidung gefällt. Erst hinterher versucht es, der Entscheidung eine logische Erklärung zu geben.

NLP lag daher mit seiner Annahme, das Unbewusste entscheidend in Veränderungsprozesse einzubeziehen, absolut richtig. Denn wenn überhaupt echte, dauerhafte Veränderungen unseres Verhaltens stattfinden können, dann nur über die Veränderung jener Denk- und Verhaltensmuster, durch die das Gehirn unser Denken und Verhalten "ohne uns" steuert.

Die Praxis zeigt jedoch überaus deutlich, dass das Etablieren neuer Muster meistens nicht so einfach ist, wie es so mancher NLP-Trainer darzustellen versucht. Der Grund: "Jede Reaktion zieht eine synaptische Verschaltung der betreffenden Neuronen nach sich. Mit jeder Wiederholung der Reaktion wird diese neuronale Verschaltung stärker gebahnt; schließlich wird aus dem Trampelpfad an Nervenzellen eine neuronale Autobahn. Und diese Autobahn ist so breit und bequem, dass wir sie irgendwann **automatisch** benutzen: Ehe wir uns versehen, läuft alles ganz fix hierüber ab - und wir haben wieder nach altem Muster reagiert und gehandelt.

Hinzu kommt: Einmal gebahnte Reaktionswege können nicht mehr aufgelöst werden, d. h. einmal geknüpfte synaptische Verbindungen bleiben **ein Leben lang** bestehen. Um eine alte Verhaltensweise oder ein altes Muster - z. B. eine Angstreaktion - aufzugeben, muss man alte Bahnen hemmen; will man gleichzeitig ein neues Verhalten begründen, muss man eine Neubahnung herstellen, also spezifische Neuronen miteinander verknüpfen. Dabei gilt: Eine Neubahnung kann nur begründet werden, wenn der am Ende stehende Zustand **intensiver** ist als der alte. Denn eine hohe Intensität im Erleben bedeutet eine hohe Beteiligung von Neuronen. Auf diese Weise entsteht eine starke neue neuronale Autobahn, die bald breiter ist als die alte. Damit die neue neuronale Verbindung stabil wird, ist jedoch eines nötig: Wiederholung,Wiederholung, Wiederholung ..."**

** Harald Krutiak, Diplom-Psychologe und NLP-Trainer; Zitat aus *Managerseminare*, März 2006.

Bringst du deinem Gehirn bei, dass sich sein Benutzer für alles, was er denkt, fühlt und tut, lieben will, geschieht genau das, was Krutiak das Schaffen einer neuen neuronalen Autobahn nennt.

Unser Gehirn wurde bereits in der frühkindlichen Phase so konditioniert, dass sich sein Benutzer nur dann freuen **darf**, wenn er sich vorteilhaft verhält, und er sich schämen oder frustriert sein **muss**, wenn er sich daneben benimmt oder nicht anerkannt wird. Die Kriterien für gutes und schlechtes Verhalten differieren dabei natürlich bei jedem Menschen. Wir verlassen diese (stark frequentierte) Autobahn, indem wir uns in jeder Situation, egal was wir denken und vollkommen egal, was wir tun, bedingungslos (oder objektlos) LIEBEN.

Wie das geht? Du kümmerst dich gar nicht mehr um deinen Frust oder Ärger, du versuchst ihn jedoch auch nicht abzuwürgen oder durch positive Gedanken zu ersetzen, sondern machst etwas an sich völlig Abwegiges: Du liebst dich und die jeweilige Situation genauso, wie sie ist. Egal was du denkst, egal was du tust, du liebst dich dafür! (Und sei es noch so daneben!)

Viele Menschen fragen zunächst: "Was soll das? Warum sollte ich mich beispielsweise dafür lieben, wenn ich mich hasse? Das erscheint mir absurd!" Nun, verstehen wirst du diese Methode nur dann, wenn dir klar wird, dass wir mit ihr eine neue neuronale Autobahn bauen! Es geht um Dekonditionierung. Mit der Methode, alles zu lieben, geht es letztlich nicht um Neubewertung oder um ein neues Muster, sondern um die Befreiung von jeglichen Mustern, denn Liebe ist unser natürlicher Zustand, der lediglich von unseren Mustern "überlagert" oder "verdeckt" wird.

Sind die Überlagerungen als solche erkannt und daher in ihrer Macht deaktiviert, sind wir da, wo wir immer schon waren - in Liebe, unserer wahren Natur.

Im NLP gibt's eine Intervention, das sogenannte Reframing, was bedeutet, die Sichtweise oder auch den Blickwinkel einer Person so zu verändern, dass die Situation auch aus einer anderen Perspektive betrachtet werden kann. Wird aus dieser Sichtweise eine neuronale Bahn, hemmt sie die Manifestation der alten Reaktion, wenngleich die einmal gebaute neuronale Bahn sich nicht mehr einfach "wegdenken" lässt. Alle Anstrengungen, alte Muster durch psychotherapeutische Mittel aufzuarbeiten, sind daher zwecklos und haben sogar einen gegenteiligen Effekt: Widmet man den Mustern Aufmerksamkeit, tendieren sie dazu, stärker zu werden.

Was ist der neue Kontext im Agape-Konzept? Ich liebe, egal was auch immer ich erlebe! Ob es mir gut oder schlecht geht, ob ich mich ärgere oder gut drauf bin, ob ich Mist gebaut oder mich vorzüglich verhalten habe, ist nicht mehr mein Kriterium dafür, ob ich mich annehmen, akzeptieren, ja lieben und mit mir selbst wohlfühlen darf.

Und selbst dann, wenn ich mich mal einfach nicht lieben kann, liebe ich mich zumindest dafür, dass ich es gerade nicht kann. Denn meine neue Autobahn heißt: Agape, die Liebe, die bedingungslos liebt. Ich nehme nicht die A 5, auch nicht die A 8, sondern die **A - GAPE**, immer und in jedem Fall!

Und wenn ich sie tatsächlich mal verpasst habe, dann liebe ich mich genau dafür! Schon bin ich wieder auf ihr!

Nun muss nur noch eins erfolgen: Wiederholung, Wiederholung, Wiederholung, damit sich neue neuronale Verknüpfungen bilden, sodass das Unbewusste schließlich noch nicht mal auf die Idee kommt, die alte Autobahn zu benutzen.

Die Methode, alles zu lieben, ist besser als jede andere mir bekannte Methode geeignet, um die für die neuronale Verknüpfung so wichtige Wiederholung zu betreiben. Unser alltägliches Leben ist schließlich voller Gelegenheiten, und so wird jedes Hindernis zu einer Chance, die neuronale Verknüpfung zu stärken.

Und jetzt überleg mal, was der Witz bei der ganzen Sache ist: Wir wissen ja nun, dass unser Unterbewusstsein (und dahinter natürlich die Essenz) alle Entscheidungen trifft. Wenn du also beginnst, dich darin zu üben, alles zu lieben, hast demnach nicht du, sondern das Unterbewusstsein (oder die Essenz) diese Entscheidung getroffen. Dennoch übst du dich nun (bewusst) darin, dem Entscheider (dem Unterbewusstsein) neue Entscheidungskriterien für dein Wohlbefinden "einzutrichtern", damit es schließlich gemäß derselben darüber entscheidet, was du, sein virtueller Akteur, dann aufgrund der unbewusst erfolgten Entscheidung entscheidest. Das ist Selbstüberlistung pur, oder? Und wer überlistet hier eigentlich wen? Aber was soll's ... es funktioniert, und das ist schließlich entscheidend.

Wenn sich das Unterbewusstsein in allen Situationen dafür entscheidet, dass sich sein virtueller Akteur (also du)

LIEBEN darf, unabhängig davon, wie es ihm geht und was er gerade erlebt, dann bist du automatisch in bester Resonanz mit dem Kosmos. Und dann kannst du getrost auf mühselige Zielerreichungsstrategien oder Wunscherfüllungsrituale verzichten. Denn alles, was der Kosmos braucht, um dir als **liebender Kosmos** erscheinen zu können, ist die Schwingung der Liebe. Und die erzeugst du nun, ohne dich bewusst um sie kümmern zu müssen.

(Eigentlich ist die Entdeckung des Agape-Konzepts den Nobelpreis wert - oder was meinst du? ☺ ☺ ☺)

22

Unverursachte Liebe ist überall

Wenn du die unverursachte Liebe entdecken willst, entdeckst du sie überall. Nicht nur in der Gegenwart eines erleuchteten Gurus. Nicht nur im heiligen Sing-Sang tibetanischer Mönche im Kloster. Nicht nur in den gütigen Taten Mutter Theresas oder Karl-Heinz Böhms. Ich sehe sie auch im strahlenden Blick und im freundlichen Lächeln der Verkäuferin in der Bäckerei gleich bei mir um die Ecke. Ich sehe sie in unschuldigen lachenden Kinderaugen, in einer duftenden Blume oder im schief gehaltenen Kopf eines Schäferhundes, der von seinem Herrchen eine Streicheleinheit erwartet.

Liebe ist aber auch in dem emotionalen Ausbruch einer Mutter, deren Kind während des Einkaufs in einem Lebensmittelgeschäft zum hundersten Mal etwas zu erquengeln versucht, was sie ihm nicht gewähren will oder kann. Ja, auch in diesem Wutausbruch - ob wir ihn nun richtig finden oder als Überreaktion bewerten steht auf einem ganz anderen Blatt - ist nichts anderes als Liebe. Liebe, die sich in diesem Moment eben nicht anders oder effizienter auszudrücken weiß. Liebe, die sich, eingesperrt in einen Körper, der womöglich nervlich angespannt ist und des Ermahnens müde geworden, auf diesem Wege Befreiung verschafft.

Ich sehe nichts anderes als Liebe, auch wenn mir das, was ich manchmal wahrnehme, ganz und gar nicht gefällt. Beispielsweise wenn ich etwas, das ich für wichtig halte, einfach nicht finde. Oder wenn ich für etwas mehr bezahlen muss, als es mir wert ist. Oder wenn sich jemand auf eine Weise verhält, die mir ungünstig, töricht oder gar unmenschlich erscheint. Ob es mir gefällt oder nicht, ob ich es verstehe oder nicht, ich weiß, es ist Liebe. Schlicht deshalb, weil nichts existiert außer Liebe.

Da ist jene Frau, die schon als Kind vergewaltigt wurde von ihrem Vater und dann auch noch von ihrem Onkel. Die Kinder, die durch die beiden Übeltäter entstanden, wurden mit Tritten getötet, als sie noch in ihrem Körper heranwuchsen. Heute sitzt diese in ihrer Kindheit und Jugend gepeinigte Frau im Rollstuhl und ... liebt ihre Peiniger. Liebt nicht nur sie. Liebt vor allem sich selbst. Trotz aller geschlagenen Wunden. Längst schon verheilt. Weil sie die Liebe entdeckte. Die unverursachte Liebe. Die Liebe, die sich keiner möglichen Untat verweigert, um schließlich gerade daraus zu erwachsen und zu erblühen.

Dünger ist ungenießbar und riecht auch ziemlich übel, aber wie wichtig ist er für das Wachstum der Pflanze. Alles, was uns als Übel erscheint, ist nichts anderes als Dünger.

Sodass man sagen kann: Nicht nur der blühende Lotus, auch der Sumpf, in dem er gedeiht, ist Ausdruck der Liebe. Sie ist eben wirklich überall und in allem.

Geöffnete Augen brauchst du, denn die Welt kannst du nicht wirklich verändern. In Liebe hinsehen, und alles erscheint dir in einem anderen Licht.

Die Welt ist nur ein Kostüm. Liebe steckt drin. Du musst nur genau hinsehen. Dann siehst du sie untendrunter. Egal was geschieht. Du magst manchmal traurig sein, sehr traurig sogar, denn du bleibst trotz der hier beschriebenen Sichtweise ein menschliches Wesen. Doch die Traurigkeit vermag nie lange zu währen. Sie ist ein spontanes Ereignis, von Dauer wäre sie nur, wenn du in dem, was geschieht, keine Liebe erkennen würdest. Nur dann wird aus spontaner Traurigkeit eine Leidensgeschichte. Und sie nährt sich aus der Blindheit dessen, der eine Situation als schmerzhaft empfindet und deshalb folgende Fragen stellt: Wieso musste das nur passieren? Und weshalb gerade mir? Und wie konnte der oder die nur so gemein zu mir sein? Niemals kann ich ihm das verzeihen! Oder: Weshalb habe ich mich nur so ungünstig oder töricht verhalten? Niemals kann ich mir das verzeihen.

Wenn mir jemand etwas antut, das mir im Moment des Geschehens ungünstig erscheint, steigt natürlich wie bei jedem anderen Menschen spontan Ärger oder Traurigkeit auf. Unser System verarbeitet herbe Verluste mit einem Energieüberschuss, der sich in Zorn und/oder Schmerz äußert. Aber diese Emotion taucht nur auf, um uns zu verlassen.

Wenn wir Schmerz zulassen können, anstatt seine "Arbeit" durch Vorwürfe oder Selbstanklagen zu blockieren, kann aus dem Schmerz nie eine Depression werden.

23

Liebe ist die einzige Konstante

Schau dir ein Bild aus deiner Kindheit an. Würdest du dich heute wiedererkennen, ohne dass man dir gesagt hätte, das bist du? Wahrscheinlich nicht.

Denk an die Menschen, die in dein Leben traten und nun nicht mehr da sind. Sicherlich waren Menschen dabei, von denen du glaubtest, sie nie vergessen oder gar nicht mehr vermissen zu können. Und doch - es geschah.

Ich hatte einige wirklich gute Freunde. Aber eben immer nur innerhalb eines bestimmten Zeitabschnitts. Jetzt gibt es sie in meinem Erlebniskosmos nicht mehr, und es wäre sinnlos, weiterhin an ihnen festzuhalten. Ich glaube nicht, dass man einen wahren Freund daran erkennt, dass man ihn bis zum Ende seiner Tage behält. Das klingt zwar romantisch und mag in einigen Fällen zutreffen, aber es ist keine Bedingung für "wahre Freundschaft".

Menschen verändern sich. Alles ist im Fluss, nicht nur was die Zellen unseres Körpers betrifft, die sich ständig erneuern, es gilt auch für den Geist. Du kannst niemals derselbe bleiben. Wenn du es dennoch versuchst, wenn du festhältst am Althergebrachten, an den Traditionen und Riten, ist das zwar vom nostalgischen Standpunkt betrachtet verständlich, aber nicht realistisch. Denn nichts ist beständiger als der Wandel.

"Wir bleiben zusammen, bis der Tod uns scheidet!" Das gibt es, ganz ohne Zweifel, aber wenn eine Beziehung vorbei ist, und du hältst an der Vorstellung fest, es dürfe einfach nicht vorbei sein, bist du nicht im Fluss des Lebens.

Dasselbe gilt für deinen Arbeitsplatz, für deinen Wohnort, für gute Bekannte und Freunde, für Meinungen, Standpunkte, sogenannte Lebensmittelpunkte. All das kann sich ändern. Nur eines ändert sich nie, und das ist die Liebe.

Was die Objekte der Liebe angeht, stimmt das natürlich nicht. Die können sich sogar dramatisch verändern. Darüber hast du keine Kontrolle.

Liebe ist nicht an Objekte gebunden, sonst würde sie sterben, wenn das Objekt stirbt. Jeder von uns hat bereits erfahren, dass Liebe den Tod von Objekten überlebt.

Mein Gott, wenn ich daran denke, wie unsterblich ich als junger Mann – so um die 15 Jahre war ich da erst – in Petra verliebt war! Als diese Beziehung entzweibrach, war ich fest davon überzeugt, dass nach ihr nichts mehr kommt und kommen könne. Nun, ich brauche wohl nicht zu betonen, wie sehr ich mich täuschte!

Wie sehr war ich einst in Jesus verliebt! Und doch musste ich irgendwann einsehen, dass er nur ein Bild war, eine Metapher für die Realität, die weder an eine Person noch an eine Religion gebunden ist.

Liebe ist ohne Bedingung, ohne Objekt, ohne jeden Bezug. Sie wird zwar oftmals zur Bedingung gemacht, sie wird in Objekten erfahren, sie wird in Beziehung mit Personen und Dingen gesetzt, aber sie ist nicht abhängig davon.

Liebe ist die einzige Konstante, und sie wird niemals vergehen. Geliebte Freunde mögen dich verlassen, geliebte Situationen und Lebensumstände mögen sich dramatisch verändern, die Liebe selbst verändert sich nie und wenn du sie nicht mehr in dir erfährst, beweist dies lediglich, dass du sie nur in einem bestimmten Kontext zu erfahren verstehst. Geht dieser Kontext verloren, geht dir die Liebe verloren! Nicht weil die Liebe verloren geht, sondern weil du die Liebe vom Kontext abhängig machst.

Liebe ist immer vorhanden. In wirklich jeder Situation. Vergiss die Geschichte, mit der du Liebe verbindest, und du wirst sie wieder in dir spüren. Frisch wie der Frühling. In meiner Wahrnehmung riecht sie nach Veilchen - auch wenn keine blühen.

24

Wer könnte erwachen?

Die sogenannten Erleuchteten sprechen von einem Frieden, der die Vernunft übersteigt, doch wie kommt er zustande? Nur dadurch, dass alles, was verzaubert als erstrebenswert gilt, entzaubert abfällt wie Herbstlaub im Sturm.

Es ist kein Unterschied mehr zu einem Toten, nur dass der Tote den Zauber nicht mehr wahrnehmen kann. Weil du dich jedoch in einer Welt, durch Liebeszauber entstanden, befindest, hast du keine andere Wahl, als verzaubert zu sein, und das gilt auch dann, wenn sich die Liebe entzaubert hat. Nur dass du die Welt als Ergebnis des Zaubers durchschaust.

Hinzu kommt, dass du dir dessen bewusst bist, dass alle, die verzaubert sind, nur als eine Art Zaubermaterial existieren, sie haben in Wahrheit keinerlei Existenz, daher ist es nicht nötig, dass sie die Wahrheit erkennen. Im Gegenteil: Da du weißt, dass es sich nur um Zauberei handelt, weißt du auch, dass all jene, die dir begegnen, nur substanzlose Gestalten sein können.

Wer hat dir erzählt, du könntest erwachen? Es war ein substanzloses Wesen, das dir wie im Traum erschien und die Sehnsucht nach dem Erwachen in dir erweckte.

Und so hast du keine andere Wahl, als dich nach dem Erwachen zu sehnen, nach jenem erleuchteten Zustand, der Glückseligkeit und Frieden bringen soll. Und nun sage ich, eine weitere Traumgestalt also, dir, dass du nur davon träumst, erwachen zu können.

Niemand kann erwachen, es sei denn du träumst im Traum dein eigenes Erwachen, denn wir alle träumen einen Traum ohne Träumer, auch die sogenannten "Erwachten". Und selbst zu sagen: "Wir alle träumen", ist schon eine faustdicke Lüge, denn da ist überhaupt niemand, der träumt.

Jeder Jemand ist Teil dieses Traums ohne Träumer, alle Jemands entstehen im Traum, und sie vergehen ebenso wie sie entstanden.

Das Wesen dieses verrückten Traums oder Zaubers ist es, dass alles so wirklich erscheint, dass es schier unmöglich ist zu erkennen, dass er unwirklich ist und letztlich nur dazu dient zu erkennen, dass niemand da ist - außer der Liebe.

25

Ein irrealer Traum

Schau dir die Welt mit offenen Augen an: Erkennst du dann nicht auf Anhieb, dass sie einem Traum gleicht? Schau nur in die Zeitung, geschehen nicht täglich Dinge von solch unglaublicher Absurdität, dass sie eigentlich nur geträumt werden können? Als geschähen all jene Dinge, obwohl sie in Wahrheit gar nicht geschehen?

Kürzlich sah ich mir *Die Grauzone* an, ein Film über den Holocaust. Beklemmender noch als *Schindlers Liste*. Es geht um die jüdischen Sonderkommandos in Auschwitz-Birkenau. Um ihrem Leben einige Monate hinzuzufügen, machen diese Menschen die Drecksarbeit für die Nazis, belügen die Angehörigen ihres eigenen Volkes, sagen ihnen, es gehe unter die Dusche, als sie sie in die Gaskammer führen, karren die Toten anschließend weg, nehmen ihnen Wertsachen ab, brechen ihnen die Zähne aus, scheren ihr Haar, bevor sie schließlich in die Verbrennungsöfen geworfen werden. Wer diesen Film sieht, wird zweifellos an einen Alptraum erinnert werden.

Denk nur an den seit so vielen Jahrzehnten währenden islamistischen Terror. Da scheint es tatsächlich Menschen zu geben, Menschen wie du und ich, die tatsächlich glauben, ja sogar fest davon überzeugt sind, dass es Feinde gibt, denen der Tod gebührt und die sie abschlachten, um für ihren Gott Rache üben zu können. Sie scheuen dabei nicht einmal davor zurück, sich bei einem Attentat selbst in die Luft zu jagen. Und dabei sind es nur Vorstellungen, die den Täter dazu treiben, denn der israelische Nachbar wäre womöglich der beste Freund des Attentäters, würde er ihn unter anderen Umständen kennenlernen.

Betrachte die Qualen, die scheinbar Menschen von Menschen zugefügt werden, nur um deren Sexualtrieb zufriedenzustellen.

Schau in die Chefetagen großer Unternehmen und deren Manager, die scheinbar skrupellos Mitarbeiter entlassen, um einigen wenigen Aktionären satte Renditen zu erwirtschaften.

Schau dir das gesamte Wirtschaftssystem an, weltweit, um festzustellen, dass die Reichen scheinbar immer reicher und die Armen scheinbar immer ärmer werden. Egal ob in Diktaturen oder unter demokratischen Regierungen, im Prinzip gilt derselbe Grundsatz. Ich behaupte nicht zu wissen, was richtig und falsch ist, ich stelle nur fest, wie viel Ungerechtigkeit scheinbar existiert. Ich bin andererseits auch nicht gegen Veränderungen im System, um es scheinbar so gerecht wie irgend möglich zu machen. Ich stelle nur fest, dass es scheinbar noch nie eine Ära gab, in der gut und böse sich nicht das Gleichgewicht hielten. Und so wird es bleiben.

Natürlich kannst du die Welt scheinbar verändern, doch das Gleichgewicht der Kräfte wird sich niemals verändern. Dies tun zu wollen gleicht dem Versuch, die Erde aus ihrer Umlaufbahn werfen zu wollen.

Des einen Leid wird immer des anderen Freud sein, was dem einen sein Vorteil, ist dem anderen sein Nachteil.

Was gut ist für eine Nation, ist schlecht für die andere. Der Traum von einer gerechten Gesellschaft, in der alle im Frieden leben, wird ein Traum bleiben, ein unerfüllbarer Traum.

Ich sage auch nicht: Tu nichts, es bleibt ohnehin alles gleich! Du wirst immer tun müssen, was dir zu tun bestimmt ist. Aber wirklich sinnvoll ist nichts. Nur du selbst bestimmst darüber, was dir sinnvoll und sinnlos erscheint.

Nichts hat die Bedeutung, die du ihm beimisst. Nichts hat den Wert, den du ihm gibst.

Ob du eine Bank ausraubst oder ihr Vorstandsvorsitzender wirst, ist in einem Traum von gleicher Qualität. Es geht weder darum gut noch darum, schlecht zu werden. Es geht um überhaupt nichts.

Du kannst dich nicht befreien und musst dich auch nicht befreien, weil du ja ohnehin nicht existierst. Die einzige Freiheit ist das Erkennen, dass du in Wahrheit nicht existierst. Dass die Welt nur scheinbar existiert.

Wenn dir die Wahrheit erscheint, die Wahrheit, dass alles nur Schein ist, ein Traum, ein Märchen, das sich auf eine so unglaublich faszinierende, ja hypnotisierende Art und

Weise erzählt, als wäre das, was nur erzählt wird, tatsächlich REAL, wenn dich also diese Wahrheit erfasst, dich durchdringt, dich auffrisst mit Haut und Haaren, dann geschieht nichts, was nicht schon Wahrheit wäre, und deshalb ist da auch einfach nichts, was es zu erreichen gäbe.

26

Es gibt nichts, was du erreichen könntest

Nicht einmal das Erkennen dessen, dass alles nur ein Zauber oder ein Traum ist, gilt es zu erreichen. Denn ob du in einem Traum erkennst, dass es ein Traum ist, oder ob du es nicht erkennst, sag mir bitte: Was spielt das schon für eine Rolle?

Alles, was du auf Erden erreichen oder erwerben kannst, ist Traummaterial: ein schönes Haus, Urlaub am Meer, glückliche Partnerschaft, Karriere, Gesundheit ebenso wie die Erkenntnisse über Engel, Channeling, Erlösung, Befreiung, Erleuchtung, Reinkarnation, viele aufeinanderfolgende Leben, Himmel und Hölle: alles Traummaterial.

Es ist schon in Ordnung, davon zu träumen, erlöst, befreit, erleuchtet zu sein. Es ist nur eben nichts anderes, als unerlöst, gefangen und unerleuchtet zu sein, weil all dies geträumt wird.

Wenn du mit dem Potenzial eines Schmetterlings in den Traum kommst, wirst du irgendwann die Metamorphose erfahren, selbst wenn du jetzt noch wie eine hässliche Raupe aussehen solltest. Kommst du als Eintagsfliege, wirst du als solche sterben. Lieber weiß ich jedoch, dass ich nicht mehr werden kann als das, was ich nun mal bin, als lebenslang bestrebt zu sein, etwas zu werden, was ich nie werden kann!

Kommst du mit dem Potenzial eines erhabenen Wesens in den Traum, wirst du dich zu ihm entwickeln, selbst wenn du vorher kriminell gewesen sein solltest. Niemand hat Kontrolle darüber, welche Rolle er in diesem Traum spielt. Weder der letzte Papst noch der Mann, der ein Attentat auf ihn verübte. Weder Jesus noch Judas, der ihn verriet. Kein Unterschied in der Qualität, im Gegenteil: Ohne den Verrat hätte Jesus nicht heldenhaft seine Hingabe an Gott-Vater beweisen können. Judas ist somit völlig identisch mit Jesus!

Hitler und Stalin waren nur die andere Seite der Medaille - nämlich ebenso zerstörerisch wie Adalbert Stifter oder Franz von Assisi aufbauend wirkten. Alles Gestalten des Traums ohne Träumer, alle von gleicher Substanz, alles Schattenspiele, ausgestanzt aus dem Zaubermaterial der Zeitlosigkeit. Denn ohne die sogenannten Bösen gibt's keine Guten. Ohne Licht und Schatten kein Schattenspiel!

27

Eine verblüffende Entdeckung

Alles, was du erlebt hast, erlebst und noch erleben wirst, ist ein Märchen. Nur Hypothese: Geburt, Dasein, Tod. Gott, die Bibel und die Evolutionstheorie. Krieg und Frieden. Glück und Leid. Eins jedoch ist in allem real und die einzige Realität: und das ist die unbedingte Liebe.

Es scheint so, als könnte die Liebe gerade in den absurdesten, von sich selbst abgewandtesten Situationen in diesem Märchen am besten beweisen, dass sie alles ist, was existiert. Gerade im Grauen des Krieges, in den dunklen, nach Angstschweiß riechenden Kellern qualvoller Folter, in den Konzentrationslagern der Nazis oder auf der Flucht bei Eiseskälte im Winter - wie übermenschlich konnte die Liebe sich da in menschlichen Körpern offenbaren? Natürlich wurden gerade dabei grausame Qualen erlebt, Voraussetzung dafür jedoch, dass Liebe in außerordentlicher Weise offenbar werden konnte.

Ich hatte im vorletzten Kapitel *Die Grauzone* erwähnt, ein Film, der auf Fakten beruht. Einer der Angehörigen des

Sonderkommandos bemerkt beim Abtransport der Leichen ein junges Mädchen, das die Gaskammer wie durch ein Wunder überlebt hat. Und nun will er es unbedingt retten. Nimmt dabei in Kauf, selbst erschossen zu werden. Er versteckt es, zieht einen (jüdischen) Arzt hinzu, der es wiederbelebt, setzt sich gegen die Einwände anderer durch, ihr Leben unbedingt und mit allen Mitteln zu retten. Heroisch ist das, voller Hingabe, plötzlich wird der Feigling zum Helden. Etwas in ihm, von dessen Existenz er bis dahin nichts wusste, steht in ihm auf.

Was ist es? Die Liebe, die Essenz allen Seins. Und wenn sie in einem Menschen erst einmal aufsteht, dann ist kein Opfer zu groß.

Wenn du nicht aussteigst oder auszusteigen vermagst aus der sogenannten Realität einer Welt, die selbst im Grauen eines Konzentrationslagers nichts weiter als den Kontext dazu liefert, dass Liebe in ihrer ungeheuren Macht manifest werden kann, lebst du in einer Illusion.

In mir wurde der Ich-Gedanke aufgelöst. Nur deshalb bin ich in der Lage, Liebe in allem zu sehen. Es ist keine Fähigkeit, sondern das Ergebnis einer Unfähigkeit. Der Unfähigkeit nämlich, "ich" zu sagen, ohne dabei zu wissen, dass ich und du sagen zu können lediglich ein Kommunikationsmittel ist.

28

Noch niemals war da wirklich ein Ich

Du und ich benutzen den Begriff "Ich". Müssen wir, sonst würde Kommunikation ziemlich schwierig.

Das Ich ist aus meiner Sicht vergleichbar mit der Rolle eines Schauspielers. Derjenige, der sie spielt, weiß genau, dass er nicht ist, was er spielt. Na ja, manchmal mag ihm dieses Bewusstsein kurzfristig verloren gehen, meistens dann, wenn er vollständig mit der Rolle identifiziert ist, aber das gilt nur für Momente.

Die Person Werner Ablass ist eine Rolle, die sich selbst spielt, diese Klarheit geht niemals verloren. Ich bin nicht W. A., das ist ebenso klar. Ich bin einfach. Wer? Jeweils das, was sich spielt. Wer bin ich, wenn "ich" nicht spiele? Nun, diese Frage ist nicht relevant. Denn in Wahrheit spiele "ich" gar nicht. Im besten Fall werde "ich" gespielt.

Genau besehen bin ich noch nicht mal vorhanden. "Ich" ist also nur ein leeres Wort. Ebenso leer wie die Person, die diesen Namen trägt. Atome, die sich wie ein Vogelschwarm vor dem Abflug in den Süden formieren, um sich, angekommen am Zielort, wieder voneinander zu lösen.

"Ich" sagen zu können gehört zu dem Märchen, denn würden wir nicht ich (und du) sagen, würde dieses Theaterstück schwerlich aufgeführt werden können. Da es aber erzählt werden will, besteht die Notwendigkeit, ich und du sagen zu können. Da ist niemand, der das initiiert hat. Das ist niemand, der das organisiert hat. Da ist noch nicht einmal jemand, der "ich" sagt. Das alles scheint nur so zu sein. In Wahrheit passiert nichts.

Du musst und sollst mir nicht glauben. Glaube wäre auch gänzlich nutzlos, unter Druck würde er wie ein Kartenhaus zusammenbrechen. Überprüfe vielmehr, ob tatsächlich ein Ich existiert, das darüber entscheidet, was gedacht, gefühlt und getan wird.

Nahezu ständig denkst du etwas, nicht wahr? Stell dir doch bitte beim nächsten Gedanken folgende Frage: **Hatte ich mir vorgenommen, diesen Gedanken zu denken, oder "entstand" er in mir?**

Vielleicht sagst du: Selbstverständlich entstehen in mir viele Gedanken spontan oder automatisch, aber manchmal denke ich ganz bewusst an etwas! Überprüfe, ob das wirklich so ist! Mach am besten jetzt gleich die Nagelprobe: **Denke jetzt ganz bewusst an etwas Bestimmtes ...** Passiert? Okay, nun überprüfe, wie es zu diesem "bewusst" gedachten Gedanken kam, und du wirst feststellen, dass auch er ebenso spontan in dir entstand. Letztlich hast "du" dir noch nicht einmal vorgenommen, an etwas ganz Bestimmtes zu denken.

Vielmehr ist es so, dass die Idee, an etwas Bestimmtes zu denken, einfach in dein Bewusstsein trat. In diesem Fall aufgrund meiner Empfehlung. Ein anderes Mal magst du durch ein Buch, ein Gespräch, eine Erinnerung oder einen anderen Umstand dazu angeregt werden, etwas oder an etwas ganz bestimmtes zu denken.

Was geschieht, nachdem die Idee, an etwas Bestimmtes zu denken, in dein Bewusstsein tritt? Sie löst meistens einen Prozess oder einen inneren Dialog aus, der jedoch von "niemandem" kontrolliert wird. Überprüfe auch diese Behauptung mit der Frage: **Habe ich den Prozess kontrolliert, der in mir stattfand und der dazu führte, an etwas Bestimmtes zu denken?**

Findet der Prozess oder der innere Dialog dann ein Ende, ohne dass jemand entscheidet, dass er zu Ende ist, befindet sich ein "bestimmter" Gedanke in deinem Bewusstsein. Selbst wenn du ihn ganz bewusst mehrere Male hintereinander denken und womöglich sogar aussprechen solltest - stell dir anschließend die Frage: **Habe ich mir vorgenommen, ihn mehrere Male zu denken oder auszusprechen? Oder entstand nicht auch dieser Vorsatz ebenso automatisch wie der "bestimmte" Gedanke?**

Wenn du diese Untersuchung selbst machst, wirst du zweifelsfrei feststellen, dass jeder Gedanke in dir entsteht, bevor du weißt, was du denken willst. Solange du nicht untersuchst, ob da ein Ich ist, das darüber entscheidet, wer jeweils was denkt, wirst du aufgrund deiner frühkindlichen Konditionierung immer das Gefühl haben: "Ich" denke.

Oder: “Ich” habe das gedacht! Ist dieses Empfinden als Täuschung entlarvt, ist es dir unmöglich, der Fata Morgana persönlicher Denkerschaft auf den Leim zu gehen. Und damit auch der Täuschung persönlicher Täterschaft. Denn woraus entstehen denn Taten? Aus vorhergehenden Gedanken natürlich. Denkt aber niemand, dann tut auch niemand etwas!

29

Das Universum ist vollkommen

Was wir wahrnehmen können, ist äußerst begrenzt, aber gerade darin manifestiert sich die Liebe. Denn es wäre keine Liebe, hätte sie nicht auch die Freiheit, sich zu begrenzen. Ihre Grenzenlosigkeit wird überhaupt erst offenbar, indem sie sich begrenzt. Denn grenzenlos ist sie ja schon. Sie könnte überhaupt nicht grenzenloser sein. Also muss sie sich, um ihre Grenzenlosigkeit zu beweisen, begrenzen.

In einem Narren zu erscheinen ist ein viel größerer Beweis ihrer Genialität als beispielsweise in dem Genie Ken Wilber. Wilber ist mit anderen Worten viel näher dran an der überragenden Intelligenz des Einen als einer, der gerade so viel Intelligenz in sich trägt, um sich beim Essen nicht mit der Gabel ins Auge zu stechen. Um so ein idiotisches Lebewesen hinzukriegen, muss schon einiges an Aufwand betrieben werden. Einstein zu kreieren ist dagegen eine der leichtesten Übungen.

Anständig und gütig zu sein kostet das Eine außerordentlich wenig. Grausame Morde zu begehen und ebenso auch zum Opfer zu werden, das erfordert schon wesentlich mehr Erfindungsreichtum und Energieaufwand. Wir nennen das zwar verroht. Natürlich, denn wären wir die Betroffenen, verlören wir auf grauenvolle Weise unser Leben. Aber bedenkt man einmal die Tat als solche, ohne sie in eine moralische Kategorie einzuordnen, ist es ein mindestens ebenso genialer Akt wie ein Werk von Rembrandt, Monet, Tolstoi, Hermann Hesse, Philip Roth, Paul Auster oder Harold Brodkey.

Betrachte mal Hitler vom künstlerischen Standpunkt. Vergiss für einen Moment all das Grauen, das du mit seiner Person verständlicherweise verbindest. Ein Wunder, dieser depperte Österreicher, oder etwa nicht? War er etwa mit hervorragender Intelligenz gesegnet? Klares Nein. War er ein mutiger Mann? Klares Nein! War er eine beeindruckende Persönlichkeit? Nur wenn er Reden hielt. Allerdings nur im Kontext des damaligen Zeitgeistes. Hörst du ihn heute, wirst du wohl eher in Lachen ausbrechen, dieser künstlich produzierte rhetorische Zauber wird dir einfach nur urkomisch erscheinen. Und das war Hitler auch. Eine Witzfigur letztlich.

So eine (wahn)witzige Figur zu erschaffen, die es dazu auch noch fertigbringt, die Massen zu mobilisieren und sie zur Hingabe bis in den Tod zu motivieren - ist das nicht genial? Da gab es doch tatsächlich Männer und Frauen, die seinem Befehl, die verhassten Juden zu vernichten, nachkamen. Wie war das möglich, fragt man sich heute! Die Antwort: aus Liebe! Nur wer liebt, ist zu solch wahnwitzigen Taten fähig. Liebe für das Vaterland! Liebe für den Führer! Liebe, die nur einen Anlass braucht, um sich hinzugeben, ja zu verströmen. Vollkommen egal in welche Richtung!

Ein Triebtäter gibt sich hin an sein Opfer. Das Opfer gibt sich dem Triebtäter hin. Natürlich nicht auf der bewussten Ebene. Was aber ist die Triebfeder für Hingabe? Liebe, nur Liebe. Wir tun alles, alles, alles aus Liebe, die unser Wesenskern ist.

Warum schlägt ein Mann seine Frau? Schlägt sie so sehr, dass sie blutet, vielleicht sogar stirbt. Es ist Liebe. Liebe zu wem, magst du fragen? Der "Wer" ist ohnehin Illusion. Der Wer spielt daher überhaupt keine Rolle. Wenn Hass erscheint, ist es Liebe, die als Hass erscheint. Wenn Eifersucht erscheint, ist es Liebe, die als Eifersucht erscheint.

Warum wird jemand zum Alkoholiker oder drogenabhängig? Aus Liebe, um in diesem "wundervollen" Zustand zu sein, obwohl er den, der ihn hat, letztlich vernichtet.

Vor einiger Zeit fuhr mich ein griechischer Taxifahrer nach Hause. Während der ganzen Zeit klagte er an. Alle möglichen Menschen. Den Staat. Die Politiker. Seine Frau! Nur sich selbst nicht. Es klang schrecklich. Und überheblich. Ich vermochte ihm jedoch nicht zu widersprechen. Weil ich wusste: Er tut das alles nur deshalb, weil er sich liebt! Natürlich ist der Ausdruck seiner Liebe äußerst beschränkt, aber es ist sicher das Beste, was ihm im Moment zu tun möglich ist.

Wie die Liebe sich manifestiert, mag dir (und mir) fragwürdig, entsetzlich, grauenhaft, manchmal auch lächerlich erscheinen. Du magst weit bessere Möglichkeiten erkannt haben, um Liebe zum Ausdruck zu bringen. Aber das bedeutet nicht, dass dies tatsächlich besser ist. Es ist nur – anders. Intelligenter? Na ja, aus Sicht der Liebe zumindest mag es weitaus schwieriger sein, die Klagelieder jenes griechischen Taxifahrers zu singen als die Bajans eines indischen Mönches.

30

Ich vermag nur Liebe zu sehen

Ich würde mich niemals über mein Weltbild streiten. Ich weiß ja nicht einmal, ob es stimmt! Ich behaupte auch nicht, es sei wahr. Ich weiß nur, was nicht wahr ist. Und selbst das weiß ich nicht, wie man etwas weiß, das man beweisen kann. Mir fehlt jeder Beweis für das, was ich weiß.

Wenn du aber sagst: Na ja, du **glaubst** eben, dass du es weißt, erwidere ich: Mir ist klar, dass du das so siehst, aber dem kann ich nicht beipflichten. Ich glaube es keineswegs, ich **weiß**, was Unwahrheit ist.

Jedoch ist dieses Wissen nicht durch Bildung entstanden. Es beruht auch nicht auf einer Fähigkeit. Es ist vielmehr das Ergebnis einer Unfähigkeit. Ab einem bestimmten Zeitpunkt, den ich jedoch nicht mehr genau erinnere, war ich schlicht nicht mehr fähig, in dem, was geschieht, etwas anderes als Liebe (am Werk) zu sehen.

Bitte denk nicht, dies sei nur ein Wortspiel. Ich meine es genauso, wie ich es sage. Ich bin nicht mehr fähig, etwas anderes als Liebe zu sehen, selbst wenn ich in der Zeitung schlimme Dinge lese. Selbst wenn ich im TV grauenvolle Bilder sehe. Selbst wenn ich in meinem eigenen Erlebniskosmos liebenswerte Menschen leiden sehe. Selbst wenn ich mit ihnen weine, weil mich ihr Schmerz nicht unberührt lässt. Selbst wenn ich selbst Schmerz erfahre. Immer bin ich **unfähig**, darin etwas anderes als Liebe zu sehen.

Ich bin einfach zu keinem Zeitpunkt in der Lage, in dem, was geschieht, etwas anderes als Liebe zu sehen. Es geht nicht, verstehst du? Psychologen mögen dies als Störung, von mir aus auch als Geisteskrankheit bezeichnen. Ich habe allerdings nicht das Empfinden, eine Therapie in Anspruch nehmen zu müssen, denn ich lebe ein durchaus passables Leben ohne den Stress und die Störungen, die den Alltag der meisten Menschen beherrschen.

Meine Unfähigkeit, etwas anderes als Liebe am Werk zu sehen, bedeutet keineswegs, dass ich indifferent wäre. Es ist also nicht so, dass ich die Morde eines Serienkillers gutheiße oder kein Mitgefühl hätte für jene, die durch ihn qualvoll getötet wurden. Auch für mich selbst weiß ich sehr wohl zwischen angenehmen und unangenehmen Erfahrungen zu unterscheiden. Und ich bevorzuge natürlich, anders als manch ein neurotischer Heiliger, der die Askese oder das Leid wählte, die angenehmen.

Wenn ich jedoch in früheren Zeiten unangenehme Erfahrungen machte, wäre es mir unmöglich gewesen, "dahinter" Liebe (am Werk) zu sehen. Heute scheint mit jede andere Bewertung völlig absurd.

31

Nach dem Tod ist vor dem Tod

Was wir in unserer Kurzsichtigkeit als Tod bezeichnen, ist Liebe, die sich entkörpert. Und Geburt ist natürlich: Liebe, die sich verkörpert.

Nur Liebe existiert. Nach dem Tod ist daher vor dem Tod.

Es gibt keine Furcht vor dem Tod, wenn das klar gesehen wird. Was es dann noch geben kann, ist eine Art Erschrecken bei Symptomen, die auf die Möglichkeit der Entkörperung hindeuten. Sie entstehen spontan aus dem Überlebensprogramm des Körpers, ohne dessen Funktionieren wir keine Scheu hätten, uns beim geringsten Problem zu entleiben. Denn wie schon gesagt: In Wahrheit gibt es keinen Tod.

Sieh nur, wie tagtäglich unzählige Organismen sterben. Hochkomplexe Organismen. Selbst eine Fliege ist ein hochkomplexer Organismus. Liebe gebiert sie, und Liebe zerstört sie, weil es die Organismen in Wahrheit nicht gibt. Liebe kreiert sie, ähnlich wie ein Maler ein Bild malt oder ein Schriftsteller Worte aneinanderreiht.

Wieso nur kommen wir niemals auf die Idee, dass die Welt Illusion ist, ja Illusion sein muss? Das ist natürlich eine blöde Frage, denn es ist Liebe, die das verhindert. In den allermeisten Organismen möchte sie sich offenbar (dafür) blind erleben. Denn nur so vermag sie sich der von ihr geschaffenen Illusion des Menschseins vollständig auszuliefern. Und Hingabe ist eben ihr Wesen.

Ich habe nicht den Antrieb, Menschen zum sogenannten Erwachen zu bringen. Warum? Nun, weil ich nur Liebe sehe! "Wecke meine Liebe nicht auf, bis es ihr selbst gefällt", sagt der Schreiber im Hohelied (8:4).

Aber zurück zum Thema. Vom Tod zu reden ist reiner Unsinn. Deshalb will ich kein Begräbnis. Kein Ritual zum Gedenken meiner Person. Ich bin nur "eine" von unendlich vielen Masken, die sich Liebe aufsetzt, um den ewigen Karneval des Lebens zu feiern. Wenn sie "meine" absetzt, feiert bitte die Liebe, und streut meine Asche auf irgendeine Wiese oder meinetwegen auch auf eine Müllhalde. Auf keinen Fall will ich ein Grab oder gar eine Gedenkstätte.

Ich bin nicht dieser Körper, obwohl ich ihn liebe. Denn solange ich mich im Körper aufhalte, habe ich ausschließlich diesen Körper, um mich zum Ausdruck zu bringen. Das klingt paradox, ist es aber nur dann, solange du dich noch als Körperwesen betrachtest und deinen eigentlichen Ursprung, deine Essenz "über" dir stehend siehst.

Ich kann das nicht mehr. Ich bin die Essenz, und mein Körper ist ihr Ausdruck. Daher kann ich auch nichts falsch an ihm finden. Selbst die Wölbung etwa in seiner Mitte, die ich nicht sonderlich mag, gehört zu ihm. Und natürlich auch das Nichtmögen der Wölbung.

Mein Körper ist: Liebe verkörpert. Oder verkörperte Liebe. Nicht, weil ich so lieb bin. Ich bin nicht immer lieb. Gott bewahre mich vor dem Liebsein! Das ist wie eine Krankheit: Nur nicht laut werden! Nur keinen Zorn zeigen! Geduldig sein, lächeln, auch wenn's dir das Gedärm zerreißt!

Nur Liebe existiert. Daher ist nach dem Tod vor dem Tod. Was kommt also danach? Liebe natürlich, denn sie war vorher schon da, besser noch: Sie ist alles, was ist. Wenn du sie nicht siehst, ist sie einfach nur blind für sich selbst. Und das soll dann auch so sein. Ich jedenfalls bin der Letzte, der das ändern möchte.

Eine jenseitige Welt nach dem Tod? Ach, was soll ich dich davon überzeugen, dass es sie nicht gibt! Glaub an sie, wenn du magst! Wisse aber, dass sie nicht wesentlich anders sein kann als diese hier. Denn sobald sich Liebe in Form und Farbe (ver)hüllt, entsteht Dualität: Freude **und** Schmerz. Eine Welt ohne Schmerz existiert in keinem Fall. Das ist sicher.

Mir genügt diese Welt hier! Sie ist mein Spiel. Meine große Liebe! Oh wie sehr liebe ich sie! Denn sie ist, was ich bin! Mit ihren Freuden und ihren Schmerzen. Ich war schon so oft hier wie Lebewesen existieren. Und sie existieren von Anfang an, also niemals und immer!

Schau dich nur um! Siehst du dich in der Welt? Ja, das bist du! Du bist die Welt, denn du bist Liebe. Du bist ich.

Das ist das Spiel, das ich spiele. Mit wem? Natürlich mit mir, denn außer mir existiert nichts.

Was meinst du: Sollte das Ablegen des Körpers noch ein Problem sein mit dieser Sicht? Aus der Traum! Das ist alles!

32

Sex ist dein Tod

Wenn ich über den Tod schreibe, muss ich auch über Sex schreiben. Denn Sex hat weit mehr mit Tod zu tun als mit Lust. Natürlich meine ich nicht den physischen Tod.

Was genau ist es, das unseren Körper nach der Art von Lustbefriedigung drängt, der wir den Begriff Sex zuordnen? Was geschieht da eigentlich?

Es gibt keinen menschlichen Körper, der sexuelles Verlangen und Zufriedenstellung erfährt. Es gibt nur Liebe, die sich menschliche Körper erschafft, in denen sie sich erfährt.

Der Körper ist ein sehr fragiles Gebilde. Zu 99,99 Prozent besteht er aus Leere. Natürlich erscheint er uns anders, fest, solide, stabil, und vor allem scheint er alles zu sein, was wir haben. Aber das erscheint uns eben nur so. Körper sind Teil jenes Märchens, das sich Liebe erzählt, und nicht mehr. Er ist in Wahrheit überhaupt nicht vorhanden. Eine Art Fata-Morgana: Man sieht etwas, was es in Wahrheit nicht gibt. Und doch bildet er erstaunlicherweise das Medium, durch das sich Liebe in einer Weise zu erfahren vermag wie wohl durch sonst keine Erfahrung auf Erden.

Wenn Liebe die Zwei fand, in der sie sich wiedererkennt und sich dann in der körperlichen Vereinigung selbst verliert, erfährt sie ihr ewiges Einssein. Ohne die Zwei in einem "anderen" Körper wäre das völlig unmöglich.

Daher führt Sex ohne Liebe zwar auch in eine orgastische Einheitserfahrung, aber sie ist mechanischer Natur, daher ungleich schwächer, vor allem jedoch ohne Todeserfahrung.

Sex, in dem sich Liebe in der Zwei wiedererkennt, führt immer zur temporären Ich-Auflösung, und das ist der wahre Grund dafür, weshalb die Kraft der sexuellen Anziehung so unfassbar stark ist. Männer erfasst sie ebenso stark wie Frauen. Sie kann dein ganzes Leben auf den Kopf stellen, ja es mitunter sogar zerstören. Treusorgende Familienväter mutieren manchmal zu treulosen Ehebrechern, liebende Mütter lassen sogar ihre Kinder im Stich. Die Liebe kümmert es nicht! Denn sie ist gänzlich unmoralisch. Wer das noch nicht weiß, weiß nicht, was Liebe ist! Natürlich muss sie nicht zwingend unmoralisches Verhalten erzeugen, sie kann sich ebenso auch in einer einzigen Beziehung bis zum Lebensende manifestieren, aber letztlich ist es ihr völlig egal, denn nicht der Mensch erfährt Liebe, Liebe erfährt sich vielmehr im Menschen. Und sie nimmt dabei keinerlei Rücksicht auf unsere moralischen Vorstellungen.

Was aber hat Liebe mit dem Tod zu tun? Nun, was geschieht denn, wenn sich zwei Menschen lieben? Sie sind nicht mehr zwei, sondern eins. Sie können nicht mehr unterscheiden, ob sie sich selbst oder den Partner lustvoll befriedigen. Und im Orgasmus gibt's erst recht keine zwei mehr, insbesondere dann, wenn ihn beide gemeinsam erfahren. Das Ich zerschmilzt wie Eis in der Sonne. Du und ich, diese Begriffe sind dann plötzlich völlig sinnlos geworden. "Ich liebe dich", sagt man zwar, doch was man fühlt, ist totale Einheit. In den Augen des Partners begegnest du dir. Niemandem sonst. Es gibt eine Lehre, die besagt, sexuelle Vereinigung sei nur eine Metapher für die *unio mystica*, die wahre Vereinigung, die Hochzeit des Geistes. Und daraus wird gefolgert, dass die geistige Vereinigung das Ziel der sexuellen Vereinigung sei. Es geschehe dann, wenn die sexuelle Energie in geistige Energie transformiert sei.

Diese Lehre ist natürlich nur Teil jenes Märchens, das sich selbst erzählt. Und dieses Spiel im Spiel führt nur zur Verkrampfung, nicht zur Transformation. Liebe kennt keine Unterschiede, was ihre Selbsterfahrung betrifft. Sie drängt in jedem Fall nach Ich-Auflösung.

Und zwar in uns allen. Nicht in jedem Individuum erfahrt sie dieselbe irreversibel. Temporär jedoch in jedem. Denn ohne Sexualität ist kein Mensch. Es ist ein mindestens ebenso grundlegendes Bedürfnis wie das nach Speise, Trank und Schlaf.

Ich finde es einfach nur lustig, Sexualität spiritualisieren zu wollen. Es ist, als wolltest du Kühen beibringen, mit Messer und Gabel zu essen. Oder Schweinen beibringen, Deo unter die Achseln zu sprühen. Sexualität ist animalisch und wohl der stärkste Ausdruck dafür, dass wir keineswegs mehr als intelligente Tiere sind. Je weniger man versucht, das Tier (in sich selbst) zu dressieren, desto lustvoller und unkomplizierter wird Sex erfahren.

Wie es dazu kommt, dass gerade ein bestimmter Mensch zu dir passt, das ist ein Geheimnis, das niemand zu entschlüsseln vermag. Es gibt keinerlei äußere Kriterien dafür, wer zu wem Liebe verspürt. Weder der Hintergrund noch der Bildungsgrad, weder das Alter noch das Aussehen spielen dabei eine wesentliche Rolle. Liebe ereignet sich. Punkt. Und wenn sie sich ereignet, bist du nicht in der Lage, ihr zu widerstehen. Du magst es versuchen, aufgrund deiner moralischen Konditionierung oder anderweitiger Vorstellungen, doch wenn's dich wirklich erwischt hat, bist du chancenlos. Der Grund: Liebe hat diesen Körper nur deshalb erschaffen, um sich in ihm zu erfahren. Und wenn sie sich in ihm erfährt, stirbst du. Denn "du" hast noch nie existiert.

33

Jenseits von Glückseligkeit und Trauer

Da, wo ich wohne, ist weder die Glückseligkeit noch die Trauer zuhause. Da, wo ich wohne, ist jedoch keine Unwissenheit, sondern vollständige Klarheit. Und in dieser Klarheit ist eine Glückseligkeit, die du nicht kennst und nicht schmeckst, solange du nach Glückseligkeit strebst.

Ob ich in Glückseligkeit versunken bin oder in Melancholie schwinge, ist in meiner Wahrnehmung nicht sonderlich relevant.

Die **Klarheit** ersetzt vollständig das, was du in beständiger Glückseligkeit suchst. Sodass man sagen könnte: Klarheit ist (wahre) Glückseligkeit. Aber es nützt nichts, das zu sagen, weil du dir etwas anderes darunter vorstellen wirst und enttäuscht wärest, wenn du ihr unvorbereitet begegnen würdest.

Woraus besteht meine Glückseligkeit? **Nur aus der Klarheit, dass "ich" nicht bin.** Ich bin jenseits all dessen, was sich im Zauber der Liebe, beim Träumen, beim Mit-sich-selbst-Spielen, beim Märchenerzählen manifestiert. Selbst mein eigener Körper, besser: Der Körper, den ich als meinen Körper bezeichne, hat mit dem, was ich bin, ebenso wenig zu tun wie irgendein anderer Körper, den ich als deinen Körper bezeichne. Dass ich mich um meinen Körper mehr kümmere als um deinen Körper liegt in der Natur der Sache begründet: Irgendjemand muss sich ja schließlich um diesen Körper kümmern! Dieses Kümmern geschieht vollkommen ohne mich, obwohl es sich so anfühlt, als würde "ich mich" um ihn kümmern.

34

Ein Märchen im Märchen

Zum Schluss möchte ich euch noch ein Märchen erzählen. Das einzig wahre Märchen, wobei natürlich klar ist, dass das zu behaupten auch nur ein Märchen sein kann. Denn es gibt nur Märchen, selbst das einzig wahre ist natürlich erfunden.

Es war einmal ein Draht. Ein Kupferdraht. Gott sei Dank war er aus Kupfer. Sonst wäre er gerostet wegen all der Tränen, die er tag-täglich weinte.

Warum war der Draht nur so traurig? Einfach deshalb, weil er kreisrund war und daher weder Anfang noch Ende besaß.

Stell dir nur einmal vor, es gäbe weder Anfang noch Ende in deinem Leben? Was die Schule betrifft oder deine Arbeit oder Migräne oder gar: Liebeskummer! Kein Ende! Wäre das nicht entsetzlich?

Sicher, wirst du antworten, und so ging es natürlich auch unserem Draht. Wie sehr er seinen kreisrunden Körper aus Kupfer absuchte, nirgends fand sich ein Anfang, und natürlich war auch kein Ende in Sicht. Immer nur kreisrund ging's bei ihm zu, und das langweilte ihn schließlich dermaßen, dass er erst einmal Millionen von Jahren immer wieder überlaut gähnte und einschlief und schließlich für Jahrmilliarden in tiefe Depressionen versank.

Doch mit diesem unersprießlichen Zustand sollte es eines schönen Tages ein Ende haben. Eine kleine, winzige Biegung, die ihm zunächst gar nicht auffiel, dann jedoch seine Aufmerksamkeit mehr und mehr in Beschlag nahm, veränderte alles. (Alles bis auf den Umstand, dass er natürlich weiterhin ein einziger Draht war und weder Anfang noch Ende besaß.) Er bemerkte nämlich, dass er aufgrund der langen Zeit seiner Traurigkeit an einer bestimmten Stelle im Kreis einen Buckel bekommen hatte, also ein wenig gekrümmt war. Weil dieser kleine, winzige Buckel so anders war als sein kreisrundes Sein, faszinierte er den Draht so unaussprechlich, dass er sich nur noch auf ihn **konzentrieren** konnte. Je länger er auf den Buckel oder die Biegung starrte, desto wunderlicher wurde ihm zumute. Denn nun schien es ihm zumindest so, als wäre da etwas, das **anders** war als das, was er kannte, nämlich sich selbst als einen kreisrunden Draht ohne Anfang und Ende. Nahezu endlos lange Zeiten vergingen, bis er sich von diesem winzigen Bogen in seinem kreisrunden Sein abzuwenden vermochte, so fasziniert betrachtete er ihn. Und Zeit gab es bei ihm ja in Hülle und Fülle. Das blieb natürlich auch so, während seine Aufmerksamkeit auf die kleine winzige Biegung gerichtet war. Doch was geschah, während er sich so stark auf die Biegung konzentrierte? Was durch Konzentration immer geschieht:

Durch sein andauerndes Starren auf jene winzige Biegung war aus derselben zunächst ein neuer, natürlich wesentlich kleinerer Kreis als er es selbst war und schließlich sogar eine Acht entstanden. Seine Freude über den kleinen Bogen hatte denselben zunächst verkreist und dann offensichtlich verdoppelt.

Hm, dachte der Draht, wenn das so ist ... dann kann ich womöglich auch andere Formen entstehen lassen, ich probier das einfach mal aus.

Tja, und so kam es dann auch. Es formten sich Rechtecke, Quadrate, Dreiecke, Trapeze, sternförmige und ahornblattförmige Flächen, Tausende, Millionen, ja Milliarden und Trillionen von Formen, die Gestaltungen wurden immer fantasiereicher. Manchmal waren sie sehr, sehr schön anzusehen, andere dagegen waren potthässlich und manche sogar furchterregend und diabolisch.

Während seines liebevollen Gestaltungsspiels merkte der Draht, dass er aus sich heraus unendlich viele verschiedene Formen bilden konnte. Und das betraf sowohl die Quantität als auch die Qualität seiner Figuren. Keine Form vermochte sich seinem Willen zu verweigern. Was immer er aus sich selbst heraus bilden wollte, wurde sogleich Realität. Es war damit natürlich nichts anderes als er selbst. Und doch sah es, gesondert betrachtet, so aus, als wäre es überhaupt nicht mehr mit ihm - dem kreisrunden Draht - identisch.

Es war selbstverständlich nicht zu vermeiden, dass er so manche Gestaltung verpfuschte. Na ja, war es ihm denn zu verdenken, dass er alles ausprobierte, was ihm irgend möglich war? Er lernte aber auch bei jedem neuen Formspiel dazu, und manche der Formen wurden dabei sogar so weise, dass sie den ganzen Gestaltungsschwindel durchschauten und sich vor Lachen beinahe um sich selbst wanden. Sie lachten darüber, dass sie letztlich nichts anderes waren als ein kreisrunder Draht, der sich lediglich verformt hatte, um nicht vor Langweile zu sterben. Und selbst das – ein Ende zu machen – wäre ihm ja nicht möglich gewesen, denn dazu hätte es ja der Möglichkeit eines Endes bedurft.

Der Umstand seiner Anfang- und Endlosigkeit brachte ihn jedoch wiederum auf eine Idee. Wie wäre es denn, wenn ich zumindest so täte, als existierte ein Ende? Da müsste ich doch eigentlich nur die Figur wieder geradebiegen und schon würde sie den Eindruck haben, als könne es ein Ende mit ihr haben!

Und so geschah es dann auch. Jede Form wurde von da an nach einer vor dem Verbiegen festgesetzten Zeit wieder geradegebogen. Und immer, wenn das geschah, war die Form natürlich perdü. Manche der dieser Form nahestehenden Formen bedauerten deren Geradegebogenwerden natürlich, aber die Form selbst war einfach dadurch von ihrer Gestaltungsrolle befreit. Später führte man sogar ein Ritual ein, um die geradegebogenen Formen zu betrauern und zu beweinen.

Nach einigen Jahrmilliarden begannen die Figuren zu glauben, sie wären tatsächlich eigenständige Formen. Sie lachten jeden Weisen aus, der ihnen klar zu machen versuchte, dass sie alle aus demselben Material gemacht und sogar ihr eigener Gestalter waren. Ja, sie bogen sogar solche Formen in einem gemeinsamen Kraftakt gerade, die ihrer Meinung nach gefährliche Irrlehrer und falsche Propheten waren, weil sie behaupteten, sie wären in Wahrheit nicht die Form, die man sähe, sondern ein einziger kreisrunder Draht, wobei sie natürlich nicht wussten, dass sie damit lediglich eine Form geradebogen, eine Form noch dazu, die nichts anderes war als sie selbst. ☺

Wenn man den Draht heute fragt, wie es möglich war, dass die Formen vollständig vergaßen, dass sie lediglich seine eigenen Gestaltungen waren, antwortet er: "Zu meinem größten Bedauern kann ich darüber nichts sagen. Es mag sein, dass es die Faszination war, die mich in den Formen glauben ließ, ich sei, was ich lediglich formte, es kann aber auch sein, dass ich diese Amnesie beabsichtigt hatte, weil ich den Gedanken einfach genial fand, mir selbst einzureden zu sein, was lediglich eine flüchtige Gestaltung ist. Vielleicht war es auch beides, und wahrscheinlich ist es auch beides, ich handle meistens aus mehreren Gründen gleichzeitig. Und wenn du's genau wissen willst, mache ich eigentlich gar nichts, die ganze Gestaltungskiste läuft völlig ohne mich ab. Ich schau im Grunde wirklich nur zu, was da passiert. Und ich bin höchst erstaunt, immer wieder, was da alles passiert! Ich hätte das wirklich niemals für möglich gehalten.

Schau dir nur an, was mittlerweile passiert ist: Es scheint so, als sei ein Kosmos entstanden, mit lauter Planeten, Millionen von Lichtjahren voneinander entfernt, und auf einem dieser Planeten gibt's sogar das, was man dort Leben nennt. Mein Gott, all die verschiedenen Mineralien und Pflanzen, all diese Tiere, und dann auch noch Menschen. Aber Menschenformen zu bilden, das war wirklich dringend notwenig, denn sonst hätte ich womöglich innerhalb der Gestaltungen überhaupt nicht mehr herausgefunden aus dem Gewirr all meiner Gestaltungen."

Fragst du ihn dann, wie er das meint, sagt er: "Nun, die Menschenform ist die einzige, die über sich selbst zu reflektieren vermag. Und mancher Menschenform gelingt es dabei tatsächlich zu entdecken, dass sie nichts anderes ist als ich selbst. Man nennt sie erleuchtet, aber in Wahrheit ist sie einfach befreit von der Illusion, in die ich mich während meines Form- und Figurenschaffens stürze. Oder aus lauter Liebe zu der Gestaltung gestürzt wurde, ganz wie du willst."

Der Draht, er hatte nie Angst, sich sozusagen gänzlich in seinem Formengewirr zu verlieren, denn selbst, wenn das immer wieder mit den Formen geschah und geschieht, wenn sich also die Formen verirren und vollkommen davon überzeugt sind, das zu sein, wonach sie nur aussehen, bleiben sie ja der eine und einzige Draht und kehren nach dem Geradebiegen wieder in ihren ursprünglichen Zustand zurück. Es kann also nie etwas passieren, egal was passiert, und im Grunde passiert ja auch nichts, ganz einfach deshalb, weil der Draht immer **ein einziger kreisrunder** Draht bleibt und die Gestaltung immer Illusion ist, die ebenso vergeht wie sie entsteht.

Mittlerweile ist der Draht natürlich schon so lange dabei zu biegen, ich meine, es gibt schon eine so lange Geschichte des Biegens, dass viele der Formen sich fragen, was so faszinierend ist an einer Welt, in welcher ein Draht erst verbogen und dann wieder geradegebogen wird? Was soll die ganze Geschichte des Biegens? Wozu all der Aufwand?

Es gibt dafür wirklich keinen Grund. Außer vielleicht dem anfangs genannten, aber der ist natürlich erfunden, es ist ja ein Märchen, das ich euch erzähle, und in einem Märchen darf man bekanntlich alles erfinden, so wie ich erfand, dass der Draht es schlicht leid war, immer nur kreisrund zu sein und weder Anfang noch Ende zu besitzen, und sich daher verbog. Zunächst nur ein bisschen, und dann immer mehr. Bis schließlich alles so war, wie es heute ist. Und du bist nichts anderes als so ein winzig kleines Stückchen verbogener Draht.

Nun guckst du in diese Welt und fragst dich: War es das denn wert? Hätte der kreisrunde Draht nicht besser darauf verzichtet, sich in seine Gestaltungen und seine Macht zur Gestaltung zu verlieben?

Sag mir, was wäre, wenn der Draht einfach nur ein kreisrunder Draht geblieben wäre? Wäre das wirklich soooo faszinierend?

Nein, zu sehen, dass da nur ein einziger Draht ist, das ist nur dann faszinierend, wenn du aus dem Verbogenwerden heraus zu erkennen vermagst, was du wirklich bist, nämlich der eine und einzige Draht. Erinnere dich: Da ist nur ein Draht, und seine Gestaltungen, wovon du eine bist, sie sind allesamt Illusion.

Draht zu sein, *ein* Draht ohne Anfang und Ende, ist höchst langweilig, glaub mir. Ich weiß es, denn ich bin dieser Draht und erzähle dir in einer meiner Gestaltungen lediglich in Form eines Märchens meine und natürlich auch deine Geschichte. Aber es gibt die Illusion meiner Gestaltungen nicht nur, weil mir sonst totlangweilig wäre, sondern weil ich es so überaus liebe, mich zu verbiegen. Daher kann ich dir, meiner Form, nur empfehlen: Genieße die Möglichkeit zur Gestaltung, lass dich verbiegen und zurechtbiegen, und biege selbst, was du zu biegen vermagst, **mach also ruhig mit bei dem Spiel**, sei dir aber bewusst, dass du nichts anderes bist und nichts anderes sein kannst, als ... na, dämmert es dir? Natürlich, der Draht, der einzige Draht.

Der größte Witz dabei ist: Ich rede hier mit mir selbst! Immer, und völlig egal, wie verbogen (oder verlogen) du bist, bist du nichts anderes und kannst nichts anderes sein als der eine und einzige Draht! Wenn du das zu sehen vermagst, bist du durch! Dann hast du's geschafft! Und im Grunde musst du natürlich nichts schaffen. Denn zweifellos bist du schon und warst du schon immer der eine und einzige Draht. Und kannst nie, nie, nie etwas anderes sein. Ganz egal, welche Form du auch annimmst. Denk dran: Es handelt sich nur um eine winzige Biegung.

Also, was gibt's da zu schaffen? Du brauchst gar nichts zu tun und wirst alles erreichen, weil du als der Draht selbst schon alles erreicht hast.

Eine letzte Frage sei uns, lieber Draht, noch gestattet. "Wenn's unbedingt sein muss", erwidert der Draht, wobei er gähnt, weil er natürlich alle denkbaren Fragen schon kennt. "Wenn ich das Märchen richtig verstehe, hast du doch aus einer Lustanwandlung heraus zu gestalten begonnen, was der Mensch heute Kosmos nennt. Dabei entstand nicht nur Gutes, sondern auch Böses. Das hast du offenbar in Kauf genommen, oder?"

Der Draht lacht daraufhin so, dass es sämtliche Gestaltungen merken, was sie allerdings als ein Drahtbeben deuten. Was dem Fragenden gar nicht gefällt, denn er kommt sich ausgelacht vor. Daraufhin sagt der Draht: "Mein lieber Freund, wenn dir wirklich klar ist, wer diese Frage stellt, wirst du ebenso lachen wie ich. Wer bist du denn? Nichts anderes als eine meiner Gestaltungen. Und nun fragt die Gestaltung ihren Gestalter: Warum hast du die Welt so und nicht anders gemacht!

Erkennst du den Witz der Situation? Ich bin alles. Ich bin die Substanz, die Kraft, die Intelligenz, die wahre Natur jeder Gestaltung, jeder Form, egal wie sie aussieht, ob gut oder böse. Sodass alles, was ist, nichts anderes ist als ich selbst. Muss sich ein Gestalter für seine Gestaltung rechtfertigen? Niemals, denn er ist sie ja in Wirklichkeit selbst.

Wenn eine Gestalt wehklagt, bin ich es, der wehklagt. Und wenn eine Gestalt einer anderen wehtut, bin ich es, der ihr wehtut. Denn ich bin alles, was ist. Und bin es doch gleichzeitig nicht, weil ich immer nur sein kann, was ich in Wirklichkeit bin: ein Draht ohne Anfang noch Ende. In

Wahrheit, mein Freund, ist daher noch nie was passiert. Alles ist so, wie es immer ist. Und daran wird sich auch nie etwas ändern.

Sicher, ich habe nichts dagegen unternommen, dass sich Gestalten erhoben und noch immer erheben, die behaupten, da sei ein Gott, der mit dem, was er schafft, eine Absicht verfolgt. Und ich tue auch nichts dagegen, wenn sich religiöse Kontrahenten herausbilden, die sich gegenseitig bekämpfen, weil sie jeweils einen anderen Gott erfanden. Das gehört alles zu meinem Gestaltungsspiel. Ich sehe ihm lediglich zu, wie gesagt, denn das Spiel hat seine Eigendynamik. Ich muss es nicht lenken, und ich lenke es auch nicht, weil es sich sozusagen verselbstständigt hat. Aber, und allein darauf kommt es an: Jede Form wird schließlich wieder geradegebogen. Ihr nennt das Tod. Und damit wird alles, jede Gestaltung immer wieder zum Ende gebracht. Egal wie laut und kraftvoll sich eine Stimme erhebt, irgendwann wird sie zum Schweigen gebracht.

Daher noch einmal: Es kann, egal was passiert, nie was passieren, und es passiert auch nie was. Denn die Gestaltung ist nicht das, was ich bin, es ist nur eine kleine, winzige Biegung, die ebenso entsteht, wie sie wieder vergeht. Und nun lass uns aufhören zu fragen, mein Freund, und uns stattdessen einfach weiter verbiegen. Ich liebe dieses Biegespiel nämlich über alles. Und du solltest es auch tun, **du solltest es lieben, egal was sich und wie es sich biegt.** Dann bist du nämlich eins mit mir, besser noch: BIST ICH und deine Biegung im Kreis ohne Anfang und Ende wird sich sehen lassen können, mein Freund."

35

Die Sicht nach dem Switch

Ob der Switch kommt, das kann niemand sagen. Und es spielt letztlich überhaupt keine Rolle. Denn du bist Liebe, egal ob du den Switch erlebst oder nicht. Außerdem: Solltest du ihn tatsächlich erleben, bist "du" ohnehin nicht mehr vorhanden und kannst ihn daher überhaupt nicht genießen. Und so ist es wirklich egal, ob er kommt oder nicht.

Sollte der Switch aber kommen, dann siehst du die Welt sozusagen von der gegenüberliegenden Seite. Also von ihrem Ursprung, von der bedingungslosen Liebe her.

Da existiert keine Welt mehr, sondern Liebe, die Welt spielt, die Welt sozusagen als Bühne benutzt. Es gibt keine Menschen mehr, sondern Liebe, die Menschsein spielt. Da gibt's keine Zeit und auch keinen Raum mehr, sondern Liebe, die mit der Zeit und dem Raum spielt. Da gibt's keine Probleme mehr, sondern Liebe, die Herausforderungen arrangiert, deren Sinnhaftigkeit oftmals erst im nachhinein erkannt wird. Da gibt's keinen Schmerz mehr, sondern

Liebe, die trauert und weint, weil sie nicht anders kann, als sich jeder möglichen Emotion hinzugeben. Da gibt's keine große Liebe mehr, weil jede, auch die größte "bedingte" Liebe, nur das sein kann, worin du - die "unbedingte" Liebe - dich spiegelst. Da gibt's nichts Schönes und Hässliches mehr, sondern Liebe, die beides kreiert. Da gibt's keinen Erfolg und Misserfolg mehr, nur Liebe, die sich selbst sowohl oben als auch unten erfährt. Da gibt's keine Unfreiheit und keine Freiheit, weil Liebe alles ist, vollkommen gleichgültig, ob sie eingesperrt auf ihr Todesurteil wartet oder die Freiheit eines Ölmilliardärs genießt. Und das bedeutet unaussprechlicher Friede. Das Herz ist zur Ruhe gekommen und das Denken ein williger Diener. Keine Fragen und keine Antworten mehr. Alles in bester Ordnung. Auch mitten im Chaos.

Über den Autor

Werner Ablass war viele Jahre im Management bekannter Markenartikelunternehmen tätig. Seit 1994 arbeitet er als selbstständiger Managementtrainer. Nach der Publikation seines Erstlingswerks "Leide nicht - liebe" ist sein Schwerpunkt Coaching für all jene Leser, die sich für die Umsetzung des Agape-Konzepts interessieren. Interessierte haben die Möglichkeit, sich auf seiner Website ausführlich über sein Angebot zu informieren und Kontakt zu ihm aufzunehmen.

www.agape-coaching.de

Über dein Feedback freut sich der Autor.
info@wernerablass.de

192 Seiten, Flexocover
ISBN 978-3-89845-568-8
€ [D] 12,95

Werner Ablass

Liebe ist die Lösung

Spielregeln der kosmischen Schwingung

Agape, die Liebe ohne Objekt, kann behindernde innere und äußere Blockaden auflösen. Werner Ablass zeigt uns, wie wir uns in dieser Liebe üben können, um dauerhaft in unserem Wesenskern zu ruhen.

Anhand vieler praktischer Beispiele zeigt Werner Ablass uns einen Weg, besser mit alltäglichen und außergewöhnlichen Widerständen umzugehen, und führt uns so in eine nie gekannte Dimension inneren Friedens.

204 Seiten, gebunden, mit Schutzumschlag
ISBN 978-3-930243-30-3
€ [D] 10,80

Werner Ablass

Leide nicht – liebe

Über die Liebe zur Liebe ohne Objekt

Werner Ablass zeigt, wie man in die Schwingung von Agape gelangt – einer Liebe, bei der das Objekt zweitrangig ist. Das heißt: Man liebt nicht, weil man bestimmte Menschen oder Dinge liebenswert findet. Man liebt, weil man merkt, wie gut es einem dabei geht. Wer so liebt, wird dadurch zum Magneten für Harmonie, Glück und Erfolg und gelangt zu seiner wahren Natur, die nichts anderes ist als Liebe.

272 Seiten, geb. mit Schutzumschlag
ISBN 978-3-930243-36-5
€ [D] 14,00

Werner Ablass

Gar nichts tun und alles erreichen

Entdecke deine wahre Natur

Werner Ablass zeigt, dass wir unser Lebensglück oft dort suchen, wo wir es niemals dauerhaft finden. Mit seinem Konzept zur »Desillusionierung« bietet sich die Chance, unsere wahre spirituelle Natur zu entdecken. Das Leben wird zu einem harmonischen Fließen, Wünsche erfüllen sich wie nebenbei, und selbst in problematischen Situationen wird tiefer Frieden empfunden.

128 Seiten, gebunden
ISBN 978-3-89845-365-3
€ [D] 12,95

Werner Ablass

Suche nicht – sei!

Werner Ablass über Nondualität

»Suche nicht – sei!«, empfiehlt daher Werner Ablass und räumt mit vielen Vorurteilen zum Thema Erleuchtung auf, zum Beispiel mit der Vorstellung, sie führe zu permanenter Glückseligkeit. Gerade das Streben nach Glück blockiert es. Ablass spricht viele Probleme an, die Menschen bei ihrer spirituellen Suche und den Herausforderungen im Alltag erleben und erinnert daran, was der Mensch und die Welt wirklich sind.

272 Seiten, gebunden
ISBN 978-3-930243-49-5
€ [D] 17,80

Werner Ablass

Abschied vom Ich

und wie leicht es sich ichlos lebt

Nicht nur die Weisen aller Zeitalter wussten, dass das Ich nichts weiter als Einbildung ist. Auch die Ergebnisse der modernen Hirnforschung sagen nichts anderes. Werner Ablass beschreibt in einer unnachahmlichen unkomplizierten Art seinen Abschied vom eingebildeten Ich. Er fand heraus, dass es zwar Gedanken, Entscheidungen und Taten gibt, jedoch keinen individuellen Denker, Entscheider und Täter.

224 Seiten, broschiert
ISBN 978-3-89845-511-4
€ [D] 14,95

Julia Kathan

Alles für ein bisschen Liebe?

Schluss mit Warten & Schmachten.
Liebessucht erkennen und heilen.

Julia Kathan beschreibt lebensnah die Ursachen, die in die Liebessucht führen – und inspiriert dazu, sich selbst zu verändern, anstatt immer neu den zwecklosen Versuch zu starten, den Liebespartner verändern zu wollen. Und so macht sie Lust darauf, sich in die Liebe, die nicht wehtut, zu verlieben und unberührtes Neuland zu betreten.

224 Seiten, gebunden
ISBN 978-3-930243-73-0
€ [D] 16,95

Michael H. Buchholz

Die Universellen Lebensregeln

Der Kompass für Alles was du willst

Das Buch enthält 36 universelle Lebensregeln – uralte Regeln verschiedener Kulturen, die aufgrund ihrer universellen Prägung allgemein gültig sind: für jeden, jede Lebenssituation, für das Erreichen jedes Ziels. Sie zeigen auch auf, weshalb es im Leben zu Schwierigkeiten kommt und wie man diese umschifft. Dieses leicht verständliche Buch dient als praktischer Kompass, um erfolgreich durchs Leben zu navigieren.

288 Seiten, gebunden
ISBN 978-3-930243-41-9
€ [D] 15,30

Jan Geurtz

Suchtfrei – Die Illusion durchschauen

Eine neue Methode ohne Entzugserscheinungen

Viele Menschen haben Selbstzweifel, fühlen sich wertlos oder leer und versuchen dem zu entfliehen: mit Drogen, Alkohol, Rauchen, Spiel-, Ess- oder Beziehungssucht oder sonstigen Süchten.
Jan Geurtz zeigt einen Ausweg aus diesem Teufelskreis. Er erklärt überzeugend die Ursachen von Sucht und vermittelt eine tiefe Selbsterkenntnis, aus der heraus Abhängigkeit leicht aufgegeben werden kann.

160 Seiten, gebunden
ISBN 978-3-89845-516-9
€ [D] 12,95

Bärbel Mohr

Bestellungen beim Universum

Ein Handbuch zur Wunscherfüllung

Bärbel Mohr zeigt dir, wie du dir den Traumpartner, den Traumjob oder die Traumwohnung u.v.m. beim Universum »bestellen« kannst. Sie beweist, dass Du wirklich alles bekommen kannst, was du dir wünschst! Ihre Rezepte zur Erfüllung deiner Wünsche helfen dir, dein Leben viel positiver zu gestalten, damit du die Wunschbestellung erfolgreich abschicken kannst und die georderte Lieferung auch in vollem Umfang erhältst.

216 Seiten, broschiert
ISBN 978-3-89845-377-6
€ [D] 14,90

Vadim Zeland

Transsurfing in 78 Tagen

Die Kunst der Realitätssteuerung

Transsurfing ist eine mächtige Technik zur Realitätssteuerung. Das Basiswissen zu Transsurfing fasst Vadim Zeland hier in 78 Schritten zusammen und bietet damit ein Buch, das die Grundlagen der Realitätssteuerung verständlich erklärt. Mit diesem Wissen kann jeder Mensch zu jeder Zeit den für sich richtigen Weg wählen, um sein Ziel zu erreichen und selbst entscheiden, welche Ereignisse in seinem Leben stattfinden werden und welche nicht.

176 Seiten, broschiert
ISBN 978-3-89845-412-4
€ [D] 12,65

Kurt Tepperwein

Nichts geschieht umsonst

Die Sprache des Lebens verstehen

Alles, was uns begegnet, und alles, was uns widerfährt, sind Botschaften des Lebens, die uns etwas Wichtiges mitzuteilen haben. Wenn Sie diese Botschaften verstehen, können Sie diese optimal für sich nutzen, um ein erfolgreiches, erfülltes und gesundes Leben zu führen. Beginnen Sie daher jetzt mit dem Sprachkurs »Deutsch-Leben/Leben-Deutsch«, um den Botschaften des Lebens endlich auf den Grund gehen zu können ...

152 Seiten, mit Abbildungen, 4-fbg., Klappenbroschur
ISBN 978-3-89845-437-7
€ [D] 14,95

Nathalie Bodin

Ho'oponopono

30 Formeln zur Lösung von Konflikten

Entdecken Sie Ho'oponopono ganz praktisch für Ihren Alltag. Nathalie Bodin konzentriert sich auf das Wesentliche im hawaiianischen Vergebungsritual: Die Lösung von Konflikten, wie dies in seinen historischen Anfängen der Fall war. Sie hat das ursprüngliche Ritual wiederaufgegriffen und an das moderne westliche Leben angepasst. Sie bringt uns Ho'oponopono nahe, indem sie uns an 30 alltäglichen Situationen zeigt, wie wir Konflikte erfolgreich mit der Energie des Verzeihens und des Reinigens auflösen können.